—财务人员进阶之道实战丛书—

一本书读懂出纳业务

要点·实务·案例

师跃英　姚嘉伟 —————— 编著

化学工业出版社

·北京·

内容简介

《一本书读懂出纳业务：要点·实务·案例》一书包括出纳工作认知、出纳建账与记账、出纳现金业务操作实务、银行结算业务操作实务、出纳票据的管理和其他出纳业务实务操作6个章节，对出纳业务知识进行了系统的解读，并结合案例供读者参考。

为了突出出纳工作特点，书中选用的会计核算资料均来自于出纳岗位上经常发生的、真实的财务业务和常用的凭证单据。本书同时结合实例仿真操作，使读者在学习时得心应手，工作技能得以快速提高。

本书适合出纳新手、在职出纳人员、财务和会计相关专业学生以及对出纳业务感兴趣的其他人员阅读参考。

图书在版编目（CIP）数据

一本书读懂出纳业务：要点·实务·案例/师跃英，
姚嘉伟编著. —北京：化学工业出版社，2024.8
（财务人员进阶之道实战丛书）
ISBN 978-7-122-45753-0

Ⅰ.①一… Ⅱ.①师…②姚… Ⅲ.①出纳-研究
Ⅳ.①F233

中国国家版本馆CIP数据核字（2024）第107595号

责任编辑：陈　蕾　　　　　　　　　　装帧设计：溢思视觉设计／程超
责任校对：赵懿桐　　　　　　　　　　　　　　　　　E-mail: isstudio@126.com

出版发行：化学工业出版社（北京市东城区青年湖南街13号　邮政编码100011）
印　　装：三河市双峰印刷装订有限公司
787mm×1092mm　1/16　印张12　字数229千字　　2024年8月北京第1版第1次印刷

购书咨询：010-64518888　　　　　　　　售后服务：010-64518899
网　　址：http://www.cip.com.cn
凡购买本书，如有缺损质量问题，本社销售中心负责调换。

定　　价：68.00元

前言

　　出纳是会计的助手，辅助会计处理账务及银行业务。按照有关规定和制度，出纳是本单位现金收付、银行结算及有关账务处理，保管库存现金、有价证券、财务印章及有关票据等工作的总称。出纳的定义告诉我们，出纳工作的最大特点就是跟钱打交道。

　　在一般人看来，出纳工作很简单，不过是点钞票、跑银行等一些事务性工作。其实不然，出纳工作责任重大，需要出纳人员好好学习，技术过硬。

　　初当出纳的人，往往容易产生困惑，感觉自己已经学好了理论知识，可在工作中遇到难题时却无从下手。本书从实践出发，在理论和实践之间搭起一座桥梁，帮助职场新人快速入门。

　　基于此，我们从实用性、实操性、专业性几个方面进行规划，编写了本书，供出纳人员参考使用。

　　《一本书读懂出纳业务：要点•实务•案例》一书包括出纳工作认知、出纳建账与记账、出纳现金业务操作实务、银行结算业务操作实务、出纳票据的管理和其他出纳业务实务操作6个章节，对出纳业务知识进行了系统的解读，并结合案例供读者参考。

　　为了突出出纳工作特点，书中选用的会计核算资料均来自于出纳岗位上经常发生的、真实的财务业务和常用的凭证单据。本书同时结合实例仿真操作，使读者在学习时得心应手，工作技能得以快速提高。

　　本书突出的特点是：

　　◇ 文中运用了大量的图表，以图解的形式对各知识点进行讲解。

　　◇ 充分考虑到现代人快节奏的工作方式，注重实际操作性，所有知识点均使用精确而简洁的方式进行描述。

◇ 提供了大量的实际操作案例，方便读者"身临其境"般地应用，使学习更有效率。

本书由师跃英、姚嘉伟编著，其中，师跃英编写本书第1章至第5章，姚嘉伟编写本书第6章。本书在编写过程中，得到了会计师事务所、企业一线财务管理人员的帮助和支持，在此对他们的付出表示感谢！

由于笔者水平有限，书中难免出现疏漏，敬请读者批评指正。

编著者

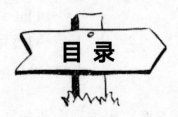

目录

第1章
出纳工作认知

 学习目标：

1.了解出纳的日常工作——货币资金的收支与记录、往来结算、工资核算、货币资金收支的监督等。

2.了解出纳与会计的关系——两者同属财会岗位、两者的责任各有侧重、两者应分工与协作、出纳人员应主动接受会计人员的监督。

3.掌握出纳工作阶段日程、出纳一日工作流程、出纳人员需日清的工作内容。

4.了解出纳的各项业务——付款业务、收款业务、费用报销付现、出纳人员收现、人工费（福利费）发放、现金存取及保管、银行存款收款、日常性业务款项付款、工资支付、还贷及银行结算等的作业流程。

1.1 出纳都有哪些日常工作

鉴于出纳岗位的职责，出纳人员的工作内容和任务主要包括货币资金核算、往来结算、工资核算、货币资金收支的监督等。

1.1.1 货币资金的收支与记录

出纳人员的货币资金管理工作主要包括两个方面：一是日常货币资金收支业务的办理；二是资金收支业务的账务核算。

具体而言，本项工作内容主要包括表1-1所示的六个方面。

表1-1 货币资金收支与记录的工作内容

序号	工作事项	说明
1	做好现金收付的核算	严格按照国家有关现金管理制度的规定，对稽核人员审核并签章的收付款凭证进行复核，办理款项收付
2	做好银行存款的收付核算	严格按照银行《支付结算办法》的各项规定，对审核无误的收入与支出凭证进行复核，办理银行存款的收付
3	认真登记日记账，保证日清月结	根据已经办理完毕的收付款凭证，逐笔序时登记现金和银行存款日记账，并结出余额。银行存款的账面余额应及时与银行存款对账单核对，保证账证、账账、账实相符。经常与银行传递来的对账单进行核对，月末要编制银行存款余额调节表，使账面余额与对账单上余额调节相符。对未达账款，要及时查询。要随时掌握银行存款余额，不准签发空头支票
4	保管库存现金和有价证券	保管现金和各种有价证券，确保其安全和完整。库存现金不得超过银行核定的限额，超过部分要及时存入银行。不得以"白条"充抵现金，更不得任意挪用现金。如果发现库存现金有短缺或盈余，应查明原因，根据情况分别处理。不得私下取走或补足现金，现金如有短缺，因自身原因造成的，要负赔偿责任。对于单位保险柜密码、开户账号及取款密码等，不得泄露，更不能任意转交他人
5	保管有关印章，登记、注销支票	出纳人员必须妥善保管印章，严格按照规定用途使用。签发支票的各种印章，不得全部交由出纳一人保管。一般而言，单位财务专用章由财务主管保管。对于空白收据和空白支票，出纳人员必须严格管理，专设登记簿进行登记，并认真办理领用、注销手续
6	复核收入凭证，办理销售结算	认真审查销售业务的有关凭证，严格按照销售合同和银行结算制度，及时办理销售款项的催收与结算。发生销售纠纷，货款被拒付时，要通知有关部门及时处理

1.1.2　往来结算

（1）办理往来结算，建立清算制度

现金结算业务的内容主要包括：企业与内部核算单位、职工之间的款项结算；企业与外部单位、个人之间的款项结算；低于结算起点的小额款项结算；根据规定其他方面的结算。对购销业务以外的各种应收、暂收款项，要及时催收结算。对应付款项，要抓紧清偿。对确实无法收回的应收账款和无法支付的应付账款，应查明原因，按照规定报经批准后处理。

（2）管理企业的备用金

对于实行备用金制度的企业，要核定备用金定额，及时办理领用和报销手续。对预借的差旅费，要督促职工办理报销手续，及时收回余额。对购销业务以外的暂收、暂付、应收、应付、备用金等债权债务及往来款项，要建立清算制度，加强管理，及时清算。

（3）核算其他往来款项，防止坏账损失

对购销业务以外的各项往来款项，要按照单位和个人分户设置明细账，根据审核后的记账凭证逐笔登记，并经常核对余额。年终要抄列清单，并向领导或有关部门报告。

1.1.3　工资核算

（1）执行工资计划，监督工资使用情况

根据批准的工资计划，会同人事部门，严格办理工资和奖金的支付，并分析工资计划的执行情况。对于违反工资政策，滥发津贴、奖金的，要予以制止并向领导和有关部门报告。

（2）审核工资单据，发放工资与奖金

根据实有职工人数、工资等级和工资标准，审核工资和奖金计算表，并办理代扣款项（包括计算个人所得税、住房基金、劳保基金、失业保险金等），计算实发工资。

（3）负责工资核算，提供工资数据

按照工资总额的组成和支付来源，进行明细核算。根据管理部门的要求，编制有关的工资总额报表。

1.1.4　货币资金收支的监督

货币资金收支过程中会面临很多不确定因素，为了保证货币资金收支的安全，必须对其实施有效的监督。出纳监督是指出纳人员依据国家有关的法律法规和企业的规章制度，在工作权限内，坚决抵制不合法的收支和弄虚作假的行为。出纳人员在办理现金和银行存款各项业务时，要严格按照财经法规进行，对于违反规定的业务一律拒绝办理。出纳人员应随时检查和监督财经纪律的执行情况，以保证出纳工作的合法性、合理性，保护单位的经济利益不受侵害。

1.2 出纳与会计的关系

1.2.1 两者同属财会岗位

从人员关系上来讲，出纳人员与会计人员都属于一个独立核算单位的财务工作者，都处于重要的工作岗位，他们的地位是相同的。企业领导者在选择出纳人员时，除了看其是否忠诚可靠外，还要看其是否有现代经营意识，是否有社会活动能力，这也是通常所说的公关能力。

从业务关系上来说，出纳与会计都属于一个单位的财会岗位，工作中应相互协助、密切合作，共同处理企业的日常财会工作。但他们之间又有着明确的分工，工作上各有侧重，即"出纳管钱，会计管账"。

1.2.2 两者的责任各有侧重

（1）出纳负责的工作

出纳人员专管货币资金的收付以及与之相关的现金日记账和银行存款日记账的登记。同时，出纳人员还必须定期与会计人员对账，核对双方库存现金、银行存款等账目是否相符，并做到相互配合、相互监督，从而避免多报、冒领等差错。因此，出纳人员不是单纯地办理现金的收付和银行存款的存取，也要涉及部分会计业务，所以需要掌握会计知识，以便在填制"收款凭证"和"付款凭证"时，熟练地掌握会计科目的对应关系。

（2）会计负责的工作

会计人员专管总账和货币资金之外的其他明细账。会计岗位有许多细分，如记账会计、税务会计、材料会计、成本会计等。会计人员要负责整个会计核算工作，从平衡登记总账、明细账到编制会计报表，以及完成纳税申报和成本核算。

1.2.3 两者的分工与协作

根据会计分管的账簿，可将财会岗位分为会计（包括总账会计、明细账会计）和出纳。两者既有区别又有联系，体现为分工与协作的关系。

《中华人民共和国会计法》（以下简称《会计法》）中明确规定，企业必须实行钱账分管，出纳人员不得兼管稽核和会计档案保管，以及收入、费用、债权债务等账目的登记工作；总账会计和明细账会计则不得管钱、管物，具体分工如图1-1所示。

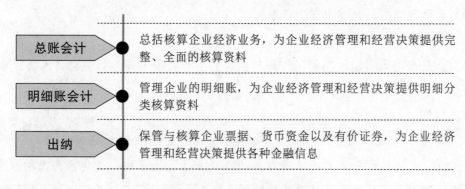

图1-1　会计与出纳的分工

1.2.3.1　两者之间互相依赖且牵制

（1）互相依赖

由于出纳和明细账会计、总账会计所使用的核算依据是相同的，都是原始凭证和记账凭证，因此两者之间具有很强的依赖性。这些会计凭证作为记账依据，必须在出纳和明细账会计、总账会计之间按照一定的顺序传递。他们相互利用对方的核算资料，共同完成会计任务。

（2）互相牵制与控制

出纳的现金日记账和银行存款日记账与总账会计的现金总分类账和银行存款总分类账、总分类账与其所属的明细分类账、明细分类账中的有价证券账与出纳账中相应的有价证券账，有金额上的等量关系。因此，出纳和明细账会计、总账会计之间就构成了相互牵制与控制的关系，他们之间必须相互核对，保持账目相符。

1.2.3.2　出纳核算是一种特殊的明细核算

出纳与明细账会计的区别是相对的，出纳核算是一种特殊的明细核算。出纳人员需要分别按照现金和银行存款设置日记账，对银行存款还要按照存入的不同户头分别设置日记账，逐笔序时地进行明细核算。对于"现金日记账"，要每天结出余额，并与库存数进行核对；对于"银行存款日记账"，也要在月内多次结出余额，并与开户银行进行核对。月末必须按规定进行结账。月内还要多次出具报告单，汇报核算结果，并与现金总分类账和银行存款总分类账进行核对。

1.2.3.3　账实兼管——出纳

出纳是一项账实兼管的工作，具体包括以下几个方面。

（1）与现金、银行存款和各种有价证券收入与结存相关的核算。

（2）保管现金、有价证券，管理银行存款账户。

（3）管理保险柜，办理收支结算手续。

（4）账务处理。

由以上几点可以看出，出纳工作与其他财务工作有所不同。其他财会人员管账不管钱、管账不管物。

> **提醒您**
>
> 出纳工作的这种分工并不违背财务"钱账分管"的原则，这是因为出纳账是一种特殊的明细账，总账会计还要设置"现金""银行存款""长期投资""短期投资"等相应的总分类账，以此来对出纳保管和核算的现金、银行存款、有价证券等进行总金额控制。其中，有价证券还应有出纳核算以外的其他形式的明细分类核算。

1.2.3.4 出纳人员直接参与经济活动

货物的购销要经过两个过程：货物移交和货款结算。其中，货款结算的收入与支付必须通过出纳人员来完成；往来款项的收付、各种有价证券的经营以及其他金融业务的办理也离不开出纳人员的参与。这两点也是出纳工作的显著特点，其他财务工作一般不直接参与经济活动过程，而只对其进行反映和监督。

1.2.4 出纳人员应主动接受会计人员的监督

虽说出纳人员与会计人员的地位是平等的，两者在工作上紧密联系、分工协作、缺一不可，但是，两者在业务的隶属关系上还是有主次之分的。出纳人员应当在以下两个方面主动接受会计人员的监督。

（1）主动为现金盘库提供条件，绝不能认为监督盘库是对出纳人员的不信任。

（2）对账时，主动为会计人员报出现金库存数，再由会计人员核对账款是否相符。不应当由会计人员结账后先报出现金账户的余额，再由出纳人员确认账款是否相符，这样会造成会计监督的本末倒置，后果十分严重。

> **提醒您**
>
> 出纳工作只是整个财会工作的一部分，只有会计或主管会计才可总揽本部门财会工作的全局。作为出纳人员，不得越权。

1.3　出纳的工作日程

出纳是公司财务工作的重要组成部分，无论是员工报销、会计做账还是审计工作都离不开出纳人员的配合，所以出纳的工作比较繁杂。在开展出纳工作之前，有必要对每日的出纳工作有一个全面的了解。

1.3.1　出纳工作阶段日程

出纳工作是按时间分阶段进行处理和总结的。因此，出纳人员在了解资金收支的一般程序和账务处理之后，要对工作有个时间的概念，以保证出纳业务得到及时处理，出纳信息得到及时反映。

（1）上班第一时间检查现金、有价证券及其他贵重物品。

（2）向有关领导及会计主管请示资金安排计划。

（3）列明当天应处理的事项，分轻重缓急，合理安排各项工作。

（4）按顺序办理各项收付款业务。

（5）当天下班前，应对所有的收付款单据编制记账凭证，登记入账。

（6）因特殊事项或情况，造成工作未完成的，应列明未尽事项，留待翌日优先办理。

（7）根据单位需要，每天或每周报送一次出纳报告。

（8）当天下班前，出纳人员进行账实核对，必须保证现金实有数与日记账、总账相符；收到银行对账单的当天，出纳人员应进行核实，银行存款日记账、总账与银行对账单在余额调节后应当相符。

（9）每月终了三天内，出纳人员应当对其保管的支票、发票、有价证券、重要结算凭证进行清点，按顺序进行登记核对。

（10）其他出纳工作的办理。

（11）当天下班前，出纳人员应整理好办公用品，锁好抽屉及保险柜，保持办公场所整洁，无资料遗漏或乱放现象。

1.3.2　出纳一日工作流程

出纳人员每天的业务量很大，如果不合理安排一定会非常忙乱。其实，出纳人员每天的工作也是有规律可循的。

1.3.2.1　上班后

（1）立刻检查、清点保险柜里存放的物品，包括现金、印章、票据等，并检查办公设备是否完好。

（2）向上级请示当天新增的资金安排计划。

（3）补充编制当天的工作计划，分轻重缓急，根据时间进行安排。

1.3.2.2 工作期间

（1）办理各项对内对外的收款和付款业务。

（2）审核原始凭证（如发票）和收付款的审批手续，填写记账凭证，登记日记账，按照单位的规定办理报批手续。

（3）处理其他出纳工作。

1.3.2.3 下班前30分钟内

（1）用电话或者网上银行系统查询银行账户的金额，并与"银行存款日记账"进行核对。

（2）清点库存现金（保险柜和其他现金暂存处），并与"现金日记账"进行核对。

（3）发生账款不符时，要本着日清月结的原则，立即查清原因，并做相应调整。

（4）向上级提交当天的现金和银行存款余额报表。

1.3.2.4 下班离开前

（1）将当天所有的凭证、账表和涉密资料加锁存好。

（2）将重要物品存入保险柜。

（3）检查所有应锁存的物件是否已完全存入锁好。

（4）整理桌面和办公环境。

从上面四个部分看，出纳工作又似乎挺简单。实际上，"工作期间"的内容是整个出纳工作最重要的部分，也是日常工作中最繁杂的业务处理阶段。

1.3.3 出纳人员需日清的工作内容

日清月结是出纳人员办理现金出纳业务的基本原则和要求，也是避免出现长款、短款的重要措施。

所谓日清月结就是出纳人员办理现金出纳业务时，必须做到按日清理、按月结账。

这里所说的按日清理，是指出纳人员应对当日的经济业务进行清理，全部登记日记账，结出库存现金账面余额，并与库存现金实地盘点数核对相符。出纳人员按日清理的内容如图1-2所示。

内容一 ▷ **清理各种收付款凭证**

> 检查单证是否相符，也就是说各种收付款凭证所填写的内容与所附原始凭证反映的内容是否一致；同时还要检查每张单证是否已经加盖"收讫"或者"付讫"的戳记

内容二 ▷ **登记和清理日记账**

> 将当日发生的所有现金收付业务全部登记入账，在此基础上，检查账证是否相符，即现金日记账所登记的内容、金额与收付款凭证的内容、金额是否一致。清理完毕后，结出现金日记账当日的账面余额

内容三 ▷ **现金盘点**

> 出纳人员应按券别分别清点数量，然后加总得出当日现金的实存数。将盘存得出的实存数和账面余额进行核对，看两者是否相符。如发现有长款或短款，应进一步查明原因，及时进行处理。所谓长款，是指现金实存数大于账存数；所谓短款，是指实存数小于账面余额。如果长款属于记账错误、丢失单据等，应及时更正错账或补办手续；如属少付他人，则应退还原主；如果确实无法退还，经过一定的审批手续可以作为单位的收益。对于短款，如属于记账错误，应及时更正；如果属于出纳人员工作疏忽或业务水平问题，一般应由过失人赔偿

内容四 ▷ **检查库存现金是否超过规定的现金限额**

> 如果实际库存现金超过规定库存限额，出纳人员应将超过部分及时送存银行；如果实际库存现金低于库存限额，出纳人员应及时补提现金

图 1-2 出纳人员需日清的工作内容

1.4 出纳业务流程

业务流程是指业务事项的活动流向顺序。业务流程包括实际业务处理过程中的作业环节、步骤和程序。全面了解业务流程，要用到业务流程图。业务流程图可以帮助管理者了解实际工作活动，消除工作过程中多余的环节，合并同类活动，使工作流程更为经济、合理和简便，从而提高工作效率。

出纳工作的对象是货币资金，所以处理货币资金的收付业务是出纳人员最主要、最核心的工作。而要做好这项工作，出纳人员必须了解货币资金管理工作的业务流程。

1.4.1 付款业务总流程

企业总的付款业务流程如图 1-3 所示。

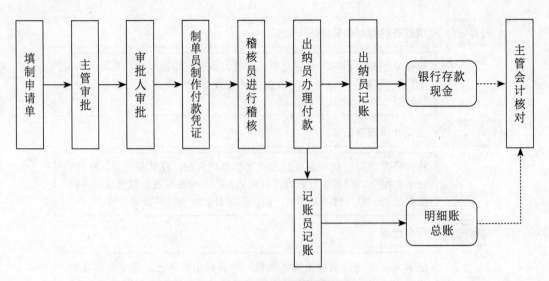

图1-3　企业总的付款业务流程

1.4.2　收款业务总流程

企业总的收款业务流程如图1-4所示。

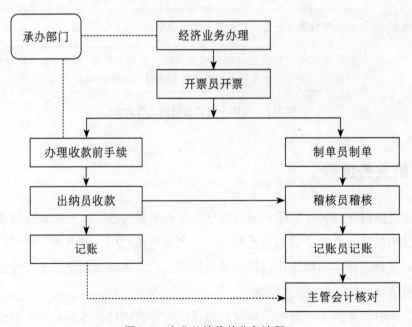

图1-4　企业总的收款业务流程

1.4.3　费用报销付现作业流程

费用报销付现作业流程如图1-5所示。

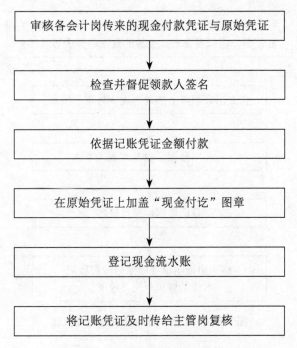

图1-5　费用报销付现作业流程

1.4.4　出纳人员收现作业流程

出纳人员收现作业流程如图1-6所示。

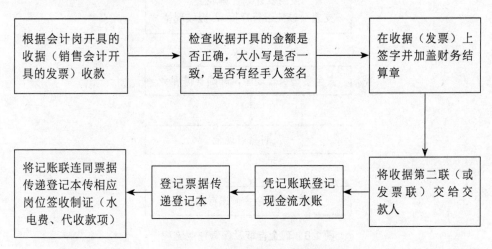

图1-6　出纳人员收现作业流程

1.4.5　人工费、福利费发放作业流程

人工费、福利费发放作业流程如图1-7所示。

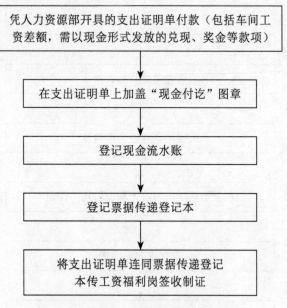

图1-7　人工费、福利费发放作业流程

1.4.6　现金存取及保管作业流程

现金存取及保管作业流程如图1-8所示。

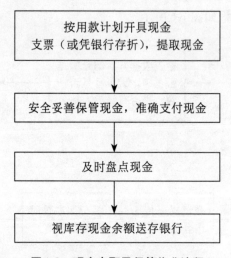

图1-8　现金存取及保管作业流程

1.4.7　银行存款收款作业流程

（1）收货款

收货款的作业流程如图1-9所示。

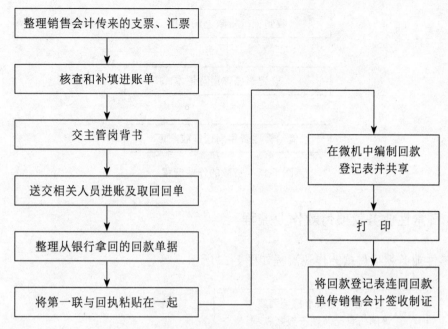

图1-9 收货款的作业流程

（2）其他项目收款

其他项目收款的作业流程如图1-10所示。

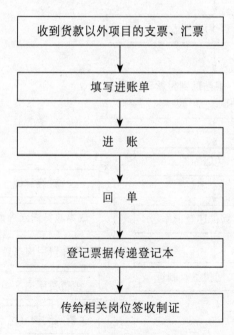

图1-10 其他项目收款的作业流程

（3）贷款

贷款的作业流程如图1-11所示。

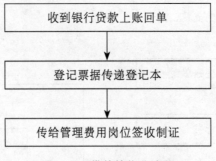

图1-11　贷款的作业流程

1.4.8　日常性业务款项付款作业流程

日常性业务款项付款的作业流程如图1-12所示。

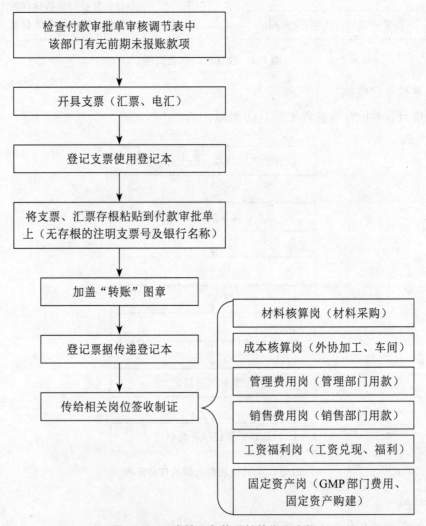

图1-12　日常性业务款项付款作业流程

1.4.9　工资支付作业流程

工资支付的作业流程如图1-13所示。

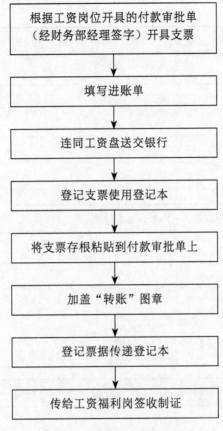

图1-13　工资支付作业流程

1.4.10　还贷及银行结算作业流程

还贷及银行结算的作业流程如图1-14所示。

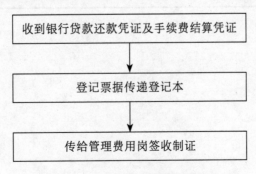

图1-14　还贷及银行结算作业流程

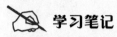 **学习笔记**

请对本章的学习做一个小结，将你认为的重点事项和不懂事项分别列出来，以便于自己进一步学习与提升。

本章重点事项
1. _____
2. _____
3. _____
4. _____
5. _____
本章不懂事项
1. _____
2. _____
3. _____
4. _____
5. _____
个人心得
1. _____
2. _____
3. _____
4. _____
5. _____

第2章
出纳建账与记账

 学习目标：

　　1.了解出纳有哪些账簿要建立，掌握各种账簿——现金日记账、银行存款日记账、有价证券明细账、备查账簿的建立及新一年度更换账簿的方法。

　　2.了解记账凭证的内容，掌握记账凭证编号、填写、审核及错误更正等的操作要求、方法、技巧。

　　3.掌握现金日记账、银行存款日记账的登记方法，出纳账簿的对账、结账方法，定期编制出纳报告单和银行存款余额调节表的方法。

2.1　出纳账簿的建账

出纳账簿在实际工作中主要包括现金日记账、银行存款日记账、有价证券明细账及备查账簿。

2.1.1　现金日记账的建账

现金日记账是记录现金增减变动情况的账簿，由出纳员按照现金收付业务发生或完成时间的先后顺序，逐日逐笔登记。

2.1.1.1　现金日记账的设置

企业和事业单位，只要有现金收付业务，就必须设置现金日记账。应做到有钱就有账、以账管钱，收付有记录、清查有手续，以保证现金的合理使用和安全完整。

2.1.1.2　现金日记账的启用

现金日记账是企业重要的经济档案之一，为保证账簿的合法性，明确经济责任，防止舞弊行为，保证账簿资料的完整和便于查找，在启用新账簿时，要按规定逐项填写账簿启用表，具体如表2-1所示。

表2-1　账簿启用表

<table>
<tr><td colspan="9" align="center">账 簿 启 用 表</td></tr>
<tr><td>单位名称</td><td colspan="7"></td><td>单位公章</td></tr>
<tr><td>账簿名称</td><td colspan="7"></td><td rowspan="4"></td></tr>
<tr><td>账簿编号</td><td colspan="7">字第　　号第　　册共　　册</td></tr>
<tr><td>账簿页数</td><td colspan="7">本账簿自第　　页至　　页共计　　页</td></tr>
<tr><td>启用日期</td><td colspan="7">年　　月　　日</td></tr>
<tr><td>法定代表人</td><td colspan="3">（盖章）</td><td colspan="3">会计主管人员</td><td>（盖章）</td></tr>
<tr><td>经管人员</td><td>接管日期</td><td></td><td>移交日期</td><td></td><td colspan="2">会计主管人员</td><td>印花税票粘贴处</td></tr>
<tr><td>姓名</td><td>盖章</td><td>年　月　日</td><td></td><td>年　月　日</td><td></td><td>姓名</td><td>盖章</td><td></td></tr>
<tr><td></td><td></td><td></td><td></td><td></td><td></td><td></td><td></td><td></td></tr>
<tr><td></td><td></td><td></td><td></td><td></td><td></td><td></td><td></td><td></td></tr>
<tr><td></td><td></td><td></td><td></td><td></td><td></td><td></td><td></td><td></td></tr>
<tr><td></td><td></td><td></td><td></td><td></td><td></td><td></td><td></td><td></td></tr>
<tr><td></td><td></td><td></td><td></td><td></td><td></td><td></td><td></td><td></td></tr>
</table>

凡是设置现金日记账的单位，都必须在扉页上填写启用表，具体要求如下。

（1）"单位名称"栏：填写本企业的单位全称。

（2）"账簿名称"栏：填写"现金日记账"。

（3）"账簿页数"栏：填写本账簿计划启用的页数。

（4）"启用日期"栏：填写本账簿开始使用的时间。

（5）"经管人员盖章"栏：由出纳员签字或盖章。

（6）"会计主管人员盖章"栏：由本单位财会部门负责人签字或盖章。

（7）"接管日期"栏：填写本出纳员开始接账的时间。

（8）"移交日期"栏：出纳员因故离职，要进行工作交接，按交账的时间填写。

（9）"单位公章"栏：必须加盖企业的行政公章，公章的名称与"单位名称"栏的名称应完全一致，不得使用财务专用章或者其他公章代替。

2.1.2　银行存款日记账的建账

银行存款日记账是用来记录银行存款增减变动情况的账簿，按照银行存款收付业务发生或完成的先后顺序，逐日逐笔登记。

（1）银行存款日记账的设置

企业应按开户银行和其他金融机构、存款种类等分别设置银行存款日记账。只要有资金结算业务的企业，就应设置银行存款日记账。

（2）银行存款日记账的启用

在启用账簿时，应严格按照有关规定和要求填写账簿启用表，做法可参照"现金日记账"。

2.1.3　有价证券明细账

有价证券明细账主要核算股票、债券等有价证券的增减变动及结存情况。出纳人员应将自己保管的各种有价证券按不同单位分设明细账进行核算，如设"长期股权投资——股票投资"等科目。明细账可选择"三栏式"（见表2-2）或"多栏式"账簿。

表2-2　"三栏式"有价证券明细账

年		凭证		摘要	借方	贷方	余额
月	日	类别	号数				

2.1.4 备查账簿

备查账簿是一种辅助账簿，是对某些在日记账和分类账中未能记载的会计事项进行补充登记的账簿。建立备查账簿时，一般应该注意以下事项。

（1）按需建立

备查账簿应根据统一的会计制度的规定和企业管理的需要设置，并不是每个企业都要设置备查账簿。但是对于会计制度规定必须设置备查账簿的科目，如"应收票据""应付票据"等，应按照规定设置备查账簿。

（2）备查账簿的格式

备查账簿没有固定的格式，与其他账簿之间也不存在严密的钩稽关系，其格式可由企业根据内部管理的需要自行确定。

（3）备查账簿的外表形式

为了方便使用，备查账簿一般采用活页式账簿。与明细账簿一样，备查账簿应按顺序编号并装订成册，出纳人员应注意妥善保管，以防账页丢失。

（4）备查账簿的建账方法

下面以"应收／应付票据备查登记簿"为例，来说明备查账簿的建账方法。

企业设置"应收票据备查登记簿"时，应该逐笔登记每一张应收票据的种类、号数、出票日期、票面金额、交易合同号，付款人、承兑人、背书人的姓名或单位名称，到期日期和利率，贴现日期、贴现率和贴现净额，以及收款日期和收回金额等资料，如表2-3所示。应收票据到期结清票款后，应在备查登记簿内逐笔注销。

表2-3　应收票据备查登记簿

票种种类：　　　　　　　　　　　　　　　　　　　　　　　　　　　　　第　　页

年		凭证		摘要	合同			票据基本情况				承兑人及单位名称	背书人及单位名称	贴现		承兑		转让			
月	日	字	号		字	号	号码	签发日期	到期日期	金额				日期	净额	日期	金额	日期	受理单位	票面金额	实收金额

企业设置"应付票据备查登记簿"时，应该详细登记每一张应付票据的种类、号数、签发日期、到期日期、票面金额、合同交易号、收款人姓名或单位名称，以及付款日期和金额等详细资料，如表2-4所示。应付票据到期付清时，应在备查登记簿内逐笔注销。

表2-4 应付票据备查登记簿

票种种类：　　　　　　　　　　　　　　　　　　　　　　　　　　　第　页

年		凭证		摘要	合同字号	票据基本情况					到期付款		延期付款	
月	日	字	号			号码	签发日期	到期日期	收款人	金额	日期	金额	日期	金额

2.1.5 新一年度更换账簿

年度结账后，应将本年度账簿的余额结转到下一年度对应的新账簿中去，然后将本年度的全部账簿整理归档。

（1）结转账簿年度余额

结转账簿年度余额时，应在本账簿中最后一笔记录（即本年累计）的下一行"摘要"栏注明"结转下年"，将计算出的年末余额记入余额方向相反的"借方"或"贷方"栏内，如"银行存款日记账"年末余额方向为借方，结转到下年度时，将余额列入"贷方"栏，在"余额"栏内注明"0"，在"借或贷"栏注明"平"。至此，本账簿年末余额结转完毕。

（2）重新开设新一年度的账簿

下一个会计年度要对所有账簿重新开设。登记第一笔经济业务之前，首先将本账簿的上年余额列示出来。其方法是：在新开设的账簿的第一行填写月、日、上年结余，将上年余额列入"余额"栏，并标明余额方向，余额方向应同上一个会计年度本账簿的余额方向相同。

新账结转或重建后，应在账簿封面上写明单位名称、账簿名称、编号和使用时限，在扉页的"会计账簿启用表"上填写启用日期、单位负责人、记账人员和会计主管人员姓名，并加盖名章和单位公章。

2.2　记账凭证的填制

在记账之前，出纳人员必须填制记账凭证。

记账凭证是根据原始凭证或原始凭证汇总表填制的，记载经济业务简要内容，确定会计分录，作为记账依据的会计凭证，如图2-1所示。记账凭证按其反映的经济内容不同，可分为收款凭证、付款凭证和转账凭证。

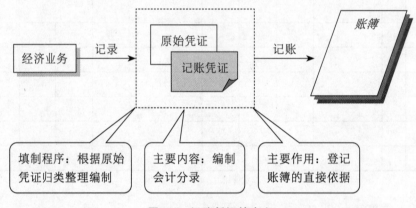

图2-1　记账凭证的定义

2.2.1　记账凭证的内容

记账凭证必须具备以下内容。

（1）填制单位的名称。

（2）记账凭证的名称。

（3）记账凭证的编号。

（4）编制凭证的日期。

（5）经济业务的内容摘要。

（6）会计科目（包括一级、二级和三级明细科目）的名称、金额。

（7）所附原始凭证的张数。

（8）填证、审核、记账、会计主管等有关人员的签章，收款凭证和付款凭证还应由出纳员签名或盖章。

记账凭证的填写说明如图2-2所示。

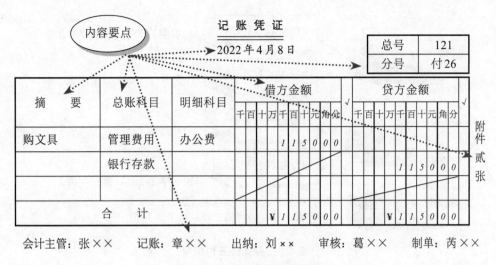

图2-2　记账凭证的填写说明

2.2.2　记账凭证的编号

2.2.2.1　分号

如果企业用的是普通记账凭证，可按日期顺序连续编号；如果企业用的是特种记账凭证，可以采用下面三种方法编号。

（1）如果凭证数量较少，可以不分种类，按日期顺序编号。

（2）如果凭证数量较多，可以分成三类，即收款凭证、付款凭证、转账凭证，每一类按自己的顺序连续编号，如图2-3所示。

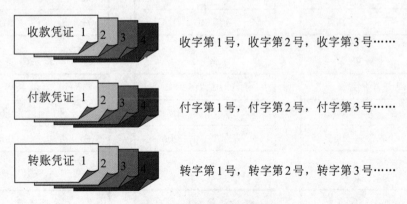

图2-3　三种凭证三种编号

（3）如果凭证数量非常多，可以分五类，即现金收款凭证、银行存款收款凭证、现金付款凭证、银行存款付款凭证和转账凭证，每一类按自己的顺序连续编号，如图2-4所示。

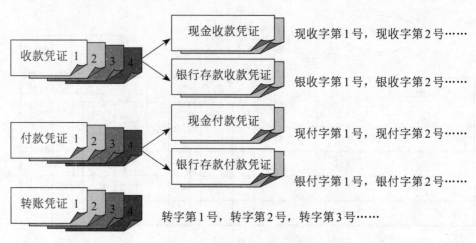

图2-4　三种凭证五种编号

2.2.2.2　总号

按照业务的先后顺序，将所有业务统一排号。在实务中，一般由复核人员统一编号。

1月份结束的记账凭证号码为银收004、银付013、现收001、现付003、转017，由4+13+1+3+17=38，那么1月份的总号到038，则2月份总号的起始号为039，如下所示。

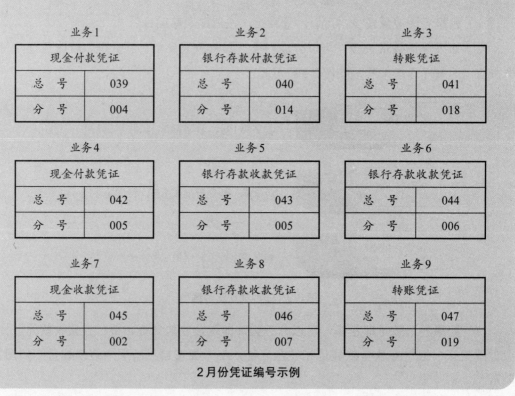

2月份凭证编号示例

2.2.3　记账凭证的填写要求

出纳人员填制记账凭证要严格按照规定的格式和内容进行，必须做到记录真实、内容完整、填制及时、书写清楚，还应符合下列要求。

2.2.3.1　要以审核无误的原始凭证为依据

记账凭证必须以经审核确认为真实、完整和合法的原始凭证为依据。除结账和更正错账的记账凭证可以不附原始凭证外，其他记账凭证必须附有原始凭证。

2.2.3.2　正确填制会计分录

填写会计科目时，应当填写会计科目的全称，不得简写。出纳岗位一般只涉及收付款凭证，不涉及转账凭证。

（1）收款凭证的填制方法

收款凭证根据有关现金、银行存款收款业务的原始凭证填制。收款凭证左上角的"借方科目"按收款的性质填写"库存现金"或"银行存款"。

🔍【实例1】▶▶▶

收款凭证的填制示例

2022年2月10日，接到银行收款通知，收到投资单位投入的资金8 000元，存入银行存款户（假定为本月第二笔银收业务，只有一张原始凭证）。

发生上述业务后，出纳人员根据审核无误的原始凭证填制银行存款收款凭证，其内容与格式如下表所示。

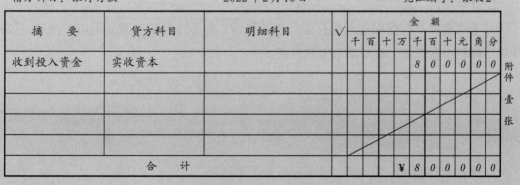

收　款　凭　证

借方科目：银行存款　　　　　　2022年2月10日　　　　　　凭证编号：银收2

摘　要	贷方科目	明细科目	√	金　额									
---	---	---	---	千	百	十	万	千	百	十	元	角	分
收到投入资金	实收资本							8	0	0	0	0	0
合　　计							¥	8	0	0	0	0	0

会计主管：　　　记账：　　　审核：　　　出纳：　　　制单：刘××

（2）付款凭证的填制方法

付款凭证根据有关现金、银行存款付款业务的原始凭证填制。付款凭证的填制方法与收款凭证基本相同，只是左上角由"借方科目"换为"贷方科目"，凭证中间的"贷方科目"换为"借方科目"。

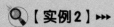 【实例2】▶▶▶

付款凭证的填制示例

2022年2月8日，购入材料一批，买价38 000元，用银行存款支付购料款（假定为本月第三笔银付业务，共有三张原始凭证）。

发生上述业务后，出纳人员根据审核无误的原始凭证填制银行存款付款凭证，其内容与格式如下表所示。

付 款 凭 证

借方科目：银行存款　　　　　　2022年2月8日　　　　　　凭证编号：银付3

摘　要	借方科目	明细科目	√	金　额									
				千	百	十	万	千	百	十	元	角	分
购入材料一批	原材料						3	8	0	0	0	0	0
合　　计						¥	3	8	0	0	0	0	0

附件叁张

会计主管：　　　记账：　　　审核：　　　出纳：　　　制单：张××

注意事项：

对于现金和银行存款之间的存取（相互划转）业务，为避免重复记账，应统一按减少科目填制付款凭证，而不填制收款凭证。

如从银行提取现金16 000元备用。

借：库存现金　　　　　　　　　　　　　　　　　　　16 000
　　贷：银行存款　　　　　　　　　　　　　　　　　16 000

这一业务应填制银付凭证，而不必填制现收凭证。

如将现金40 000元存入银行。

> 借：银行存款　　　　　　　　　　　　　　　　　　　40 000
> 　　贷：库存现金　　　　　　　　　　　　　　　　　　　40 000
> 这一业务应填制现付凭证，而不必填制银收凭证。

2.2.3.3　所附原始凭证应当同类

在填制记账凭证时，可以根据一张原始凭证填制记账凭证，也可以根据若干张同类原始凭证汇总填制记账凭证，还可以根据原始凭证汇总表填制记账凭证。但不得将不同内容和类别的原始凭证汇总填制在一张记账凭证上，否则，就会造成摘要无法填写，会计科目失去对应关系，记账时审核困难，也容易造成记账错误。

2.2.3.4　书写工具

填制记账凭证应选择钢笔或碳素笔，用蓝黑墨水或碳素墨水书写。

2.2.3.5　填写记账凭证的日期

记账凭证的日期填写可分三种情况，如图2-5所示。

情况一 ▷	现金或银行存款付款业务的记账凭证，一般按财务部门支付现金或开出银行付款结算凭证的日期填写
情况二 ▷	现金收款业务的记账凭证，应当填写收款当日的日期
情况三 ▷	银行存款收款业务的记账凭证，实际收款日期可能和收到该凭证的日期不一致，应按填制收款凭证的日期填写

图2-5　记账凭证的日期填写

2.2.3.6　摘要

既要真实准确，又要简明扼要。

2.2.3.7　记账凭证中金额的填写

记账凭证中金额的填写要求如图2-6所示。

2.2.3.8　记账凭证应按行次逐笔填写，不得跳行或留有空行

记账凭证金额栏最后留有的空行，用直线或"S"线注销，所画的直线或"S"线应从金额栏最后一笔金额数字下的空行画到合计数行上面的空行。

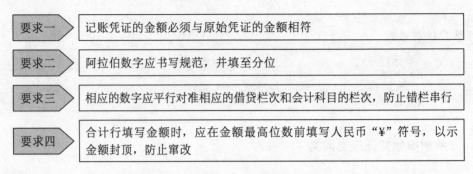

图 2-6　记账凭证中金额的填写要求

2.2.3.9　填写记账凭证的编号

为了方便日后核对账簿、凭证，以及保证会计凭证的安全和完整，要对记账凭证进行编号。记账凭证按月编号，编写方法有三种，如图 2-7 所示。

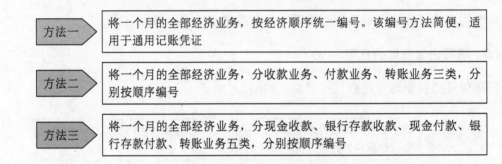

图 2-7　记账凭证的编号方法

无论采用上述哪种方法编号，都应按自然顺序连续编号，不得跳号、重号。

一笔经济业务需在两张或两张以上的记账凭证上共同反映时，记账凭证的编号首先应确定一个号，然后在此号码下，采用分数的方法来表示，这也称为分数编号法。例如，某笔经济业务属某月转账业务的第 32 号，需由三张转账凭证共同完成，那么这三张转账凭证的编号应是 $32\frac{1}{3}$、$32\frac{2}{3}$、$32\frac{3}{3}$，分母 3 表示这笔业务需三张记账凭证，分子 1、2、3 分别表示第 1 张、第 2 张、第 3 张记账凭证。

2.2.3.10　计算和填写所附原始凭证的张数

（1）附件的计算

记账凭证一般应附有原始凭证。附件张数用阿拉伯数字写在记账凭证右侧的"附件××张"行内。附件张数的计算方法有以下两种。

① 按附原始凭证的自然张数计算。

② 有原始凭证汇总表的附件，可将原始凭证汇总表张数作为记账凭证的附件张数，

将原始凭证作为原始凭证汇总表的张数处理。

（2）记账凭证后附件的整理与外形加工

实际工作中，记账凭证所附的原始凭证种类繁多，为了便于日后的装订和保管，出纳员在填制记账凭证时应对附件进行必要的外形加工，具体方法如图2-8所示。

过宽过长的附件

应进行纵向和横向折叠，折叠后的附件外形尺寸，不应长于或宽于记账凭证，同时还要便于翻阅；附件本身不必保留的部分可以裁掉，但不得影响原始凭证内容的完整

过窄过短的附件，不能直接装订时

进行必要的加工后粘贴于特制的原始凭证粘贴纸上，然后再装订粘贴纸

图2-8　记账凭证后附件的外形加工方法

（3）原始凭证的粘贴

对于汽车票、火车票等外形较小的原始凭证，可粘贴在"凭证粘贴单"上作为一张原始凭证附件，但在粘贴单上应注明所粘贴原始凭证的张数和金额。

① 原始凭证粘贴纸的外形尺寸应与记账凭证相同，纸上可先印一个合适的方框，不能直接装订的原始凭证，如汽车票、地铁车票、市内公共汽车票、火车票、出租车票等，应按类别整齐地粘贴于粘贴纸的方框之内，不得超出。

② 当票据大于粘贴单的1/2时，直接将单据粘贴在粘贴单上。

③ 当票据较多时，应按票面金额、纸张大小依次从右向左粘贴在粘贴单上。粘贴时应横向进行，先粘在原始凭证的左边，逐张左移；后一张右边压位前一张的左边，每张附件只粘左边0.6～1厘米处，粘牢即可。

④ 粘好以后要捏住记账凭证的左上角向下抖几下，看是否有未粘住或未粘牢的票据。

⑤ 在粘贴单的空白处分别写明每一类原始凭证的张数、单价与总金额。

2.2.3.11　记账凭证的签名或盖章

记账凭证填制完成后，一般应由填制人员、审核人员、会计主管人员、记账人员分别签名或盖章，以示其经济责任，并确保会计人员互相制约、互相监督，防止错误和舞弊行为的发生。对于收款凭证及付款凭证，还应由出纳员签名或盖章，以证明款项已收讫或付讫。

实行会计电算化的单位，对于机制记账凭证，在审核无误后，也应由上述人员加盖印章或签字。

2.2.4 记账凭证的审核

为了保证账簿记录的准确性，记账前必须由专人对已编制的记账凭证进行认真、严格的审核。审核的要点如图2-9所示。

要点一	按记账凭证的审核要求，对所附的原始凭证进行复核
要点二	记账凭证所附的原始凭证是否齐全，是否同记账凭证的内容相符、金额一致等。对一些需要单独保管的原始凭证和文件，应在凭证上加注说明
要点三	凭证中会计科目的使用是否准确；应借、应贷的金额是否一致；账户的对应关系是否清晰；核算的内容是否符合会计制度的规定等
要点四	记账凭证需要填写的项目是否齐全，有关人员是否都已签章等

图2-9　记账凭证的审核要点

2.2.5 记账凭证错误的更正

出纳员在编制记账凭证的过程中往往会因工作疏忽、业务不熟等原因发生记账错误，如会计账户借贷方向记反、会计科目使用不当、金额写错等。发生上述错误后，要分情况来处理。

（1）尚未登记账簿

如尚未登记账簿，应重新填制记账凭证，将原错误的记账凭证予以作废或撕毁。

（2）已登记入账

对于已登记入账的记账凭证，应根据错误发生的具体情况，分别采取不同的方法予以更正，如图2-10所示。

在当年内发现已经登记入账的记账凭证有填写错误

可以用红字填写一张与原内容相同的记账凭证，在摘要栏注明"注销某月某日某号凭证"字样，同时再用蓝字重新填写一张正确的记账凭证，注明"订正某月某日某号凭证"字样

会计科目没有错误，只是金额错误

可以根据正确数字与错误数字之间的差额，另编一张调整的记账凭证，调增金额用蓝字，调减金额用红字

发现以前年度记账凭证有错误

应当用蓝字填制一张更正的记账凭证

图2-10　已登记入账的记账凭证的更正方法

2.3 账簿登记

登记现金日记账（也叫现金出纳登记簿）与银行存款日记账是出纳人员的重要工作，与会计人员记账的要求一样，出纳人员也必须按规定记好账、结好账、对好账。

2.3.1 现金日记账的登记

2.3.1.1 现金日记账的格式

为了防止账页散失和随意抽换，以及便于查阅，现金日记账必须采用订本式，并为每一张账页顺序编号。

现金日记账的账页格式一般采用"收入""支（付）出"和"结余"三栏式。为了清晰地反映现金收付业务的账户对应关系，可在"收入""支（付）出"和"结余"三栏之前设置"对方科目"一栏。"三栏式"现金日记账的格式如表2-5所示。

表2-5 现金日记账

第　　　　　页

年		凭证		摘要	对方科目	收入（借方）	支出（贷方）	结余
月	日	种类	号数					

2.3.1.2 现金日记账的登记方法

登记现金日记账的总要求是：

（1）分工明确，由出纳人员负责。

（2）凭证齐全，内容完整。

（3）登记及时，账实相符。

（4）数字真实、准确，书写工整。

（5）摘要清楚，便于查阅。

（6）不重记、不漏记、不错记。

（7）按期结账，不拖延积压。

（8）若发生记账错误，必须按规定方法更正。

登记现金日记账的具体方法和要求如表2-6所示。

表2-6　登记现金日记账的具体方法和要求

序号	具体方法和要求
1	根据审核无误的现金收付款凭证和银行存款付款凭证（到银行提取现金业务），登记现金日记账
2	（1）现金日记账所记载的内容必须与现金收付款凭证和银行存款付款凭证相一致 （2）每笔业务都按记账凭证的"日期""编号""摘要""金额"和"对应科目"登记，逐笔分行记录，不得将收付款凭证合并登记，也不得将收付款相抵后以差额登记 （3）登记完毕，应逐项审核，无误后在记账凭证上的"记账"栏内打"√"，表示已经登记入账；并在记账凭证下方的记账栏签上自己的名字或加盖印章，以示负责
3	（1）应逐笔顺时登记现金日记账，每日终了计算出库存现金的结余额（即日清） （2）为了及时掌握现金收付和结余情况，当日发生的有关现金收付业务必须当日入账 （3）每日终了，应分别计算出当日现金收入和支出的合计数，以及账面的结余额，并将现金日记账的账面余额与库存现金实有数核对，做到账实相符
4	（1）现金日记账必须连续登记，不得跳行、隔页，不得随意撕掉账页和更换账簿 （2）现金日记账采用订本式，任何人不得以任何理由撕去账页，即使是作废的账页，也应保留在账簿中；在一个会计年度内，任何人不得以任何借口更换账簿或重抄账簿 （3）记账必须按页次、行次、位次顺序登记，若不慎发生跳行、隔页时，出纳员应在空行或空页中间画线加以注销，或注明"此行空白""此页空白"字样，并加盖出纳员名章，以示负责
5	（1）登入的现金日记账的文字和数字必须整洁清晰，准确无误 （2）出纳员在登记现金日记账时，不得滥造简化字，不得使用同音异义字，不得写怪体字 （3）摘要文字应紧靠左线 （4）数字应写在金额栏内，不得越格错位、参差不齐；数字一般自左向右适当倾斜，以使账簿记录整齐清晰

2.3.1.3　现金日记账各栏目的填写方法

登记现金日记账时，除了遵循账簿登记的基本要求外，还应注意各栏目的填写方法，如表2-7所示。

表2-7　现金日记账各栏目的填写方法

序号	栏目	填写方法
1	日期	"日期"栏中填入的应是据以登记账簿的会计凭证上的日期。现金日记账一般依据记账凭证登记，因此，此处日期为编制该记账凭证的日期，既不能填写原始凭证上记载的发生或完成该经济业务的日期，也不能填写实际登记该账簿的日期
2	凭证编号	"凭证字号"栏中应填入据以登账的会计凭证类型及编号。比如，企业采用通用凭证格式，根据记账凭证登记现金日记账时，填入"记×号"；企业采用专用凭证格式，根据现金收款凭证登记现金日记账时，填入"收×号"
3	摘要	"摘要"栏中简要说明入账的经济业务的内容，力求简明扼要

序号	栏目	填写方法
4	对应科目	"对应科目"栏应填入会计分录中"库存现金"科目的对应科目,用于反映库存现金增减变化的来龙去脉。在填写对应科目时,应注意以下三点: (1)对应科目只填总账科目,不需要填明细科目 (2)当对应科目有多个时,应填入主要对应科目。如销售产品收到现金,"库存现金"的对应科目有"主营业务收入"和"应交税费",此时可在对应科目栏中填入"主营业务收入",在借方金额栏中填入取得的现金总额,而不能将一笔现金增加业务拆分成两个对应科目金额填入两行 (3)当对应科目有多个且不能划分出主次时,可在对应科目栏中填入其中金额较大的科目,并在其后加上"等"字。如用现金800元购买零星办公用品,其中300元由车间负担,500元由行政部门负担,可在现金日记账"对应科目"栏中填入"管理费用等",在贷方金额栏中填入支付的现金总额800元
5	借方、贷方	"借方金额"栏、"贷方金额"栏应根据相关凭证中记录的"库存现金"科目的借贷方向及金额记入
6	余额	"余额"栏应根据"本行余额=上行余额+本行借方金额−本行贷方金额"公式计算填入。正常情况下,库存现金不允许出现贷方余额,因此,现金日记账余额栏前未印有借贷方向,其余额方向默认为借方。若在登记现金日记账的过程中,由于登账顺序等特殊原因出现了贷方余额,则在余额栏用红字登记,表示贷方余额

2.3.1.4 现金日记账登记示例

三栏式现金日记账的"借方(收入)"栏应根据现金收款凭证登记,"贷方(支出)"栏应根据现金付款凭证登记。由于从银行提取现金的业务,只填银行存款付款凭证,不填现金收款凭证,因此,从银行提取现金的收入数,应根据银行存款付款凭证登入"借方(收入)"栏,具体的登记方法可参见下例。

🔍 【实例3】 ▶▶▶

现金日记账登记示例

某厂2022年9月29日现金余额为3 042.60元,银行存款余额为38 760.38元,在9月29日时发生下列经济业务,并已编制收付款凭证。

(1)以现金640元购买打印纸(单价:320元/令)(现付字第82号凭证),其会计分录为,

借：管理费用——办公费   640

    贷：库存现金   640

（2）员工李××暂借差旅费800元，以现金付讫（现付字第83号凭证），其会计分录为，

    借：其他应收款——李××   800

      贷：库存现金   800

（3）开出现金支票，从银行提取现金10 000元发放工资（银付字第32号凭证），其会计分录为，

    借：库存现金   10 000

      贷：银行存款   10 000

（4）公司仓库产品发生霉烂变质，造成损失580元，经查明为保管员张××失职造成，按规定应由张××赔偿损失。实际发生责任事故时，由会计人员编制如下会计分录，

    借：其他应收款——财产赔款——张××   580

      贷：待处理财产损益——待处理流动资产损益   580

实际收到张××交来的赔款时，应编制现金收款记账凭证（现收字第46号凭证），其会计分录为，

    借：库存现金   580

      贷：其他应收款——财产赔款——张××   580

（5）收到某工厂退回的包装物押金300元时，应按规定编制现金收款记账凭证（现收字第47号凭证），其会计分录为，

    借：库存现金   300

      贷：其他应收款——包装物押金   300

（6）发放工资10 000元（现付字第84号凭证），其会计分录为，

    借：应付职工薪酬   10 000

      贷：库存现金   10 000

（7）王××报销差旅费800元（现付字第85号凭证），其会计分录为，

    借：管理费用   800

      贷：库存现金   800

根据以上现金业务登记现金日记账，如下表所示。

现金日记账

2022年		凭证		摘要	对方科目	借方	贷方	借或贷	余额
月	日	字	号						
				承前页		5 630.80	4 738.60	借	3 042.60
9	29	现付	82	购打印纸	管理费用		640.00	借	2 402.60
9	29	现付	83	借差旅费	其他应收款		800.00	借	1 602.60
9	29	银付	32	提现金	银行存款	10 000.00		借	1 1602.60
9	29	现收	46	收赔款	其他应收款	580.00		借	1 2182.60
9	29	现收	47	收押金款	其他应收款	300.00		借	1 2482.60
9	29	现付	84	发放工资	应付职工薪酬		10 000.00	借	2 482.60
9	29	现付	85	报销差旅费	管理费用		800.00	借	1 682.60
				本日合计		10 880.00	12 240.00		1 682.60
9	30			本月合计		16 510.80	16 978.60	借	1 682.60
				过次页		16 510.80	16 978.60		1 682.60

2.3.2 银行存款日记账的登记

2.3.2.1 银行存款日记账的格式

银行存款日记账必须采用订本式，其账页格式一般采用"三栏式"，即包括"收入""支出"和"结存"三栏，如表2-8所示。

表2-8 银行存款日记账

第　　页

年		凭证		摘要	对方科目	收入（借方）	支出（贷方）	结余
月	日	种类	号数					

2.3.2.2 登记要求

（1）必须根据审核无误的银行存款收付款凭证，逐日逐笔按顺序登记。

（2）对于现金存入银行的业务，由于只填制现金付款凭证，不填制银行存款收款凭证，因而"收入"栏应根据有关现金付款凭证登记。

（3）银行存款日记账的登账方法和要求与现金日记账基本相同，只是要在特定的"结算方式"栏内，注明原始凭证的种类和号码，以便与银行对账。

2.3.2.3 银行存款日记账登记示例

以下以一示例来说明银行存款日记账的登记方法。

🔍【实例4】▶▶

银行存款日记账登记示例

某公司2022年3月31日发生的银行存款收付款业务如下：

（1）收到银行转来A公司购买386号产品的67号电汇单，共汇款8 595元（银收字第23号凭证），其会计分录为，

借：银行存款	8 595
贷：应收账款——A公司	8 595

（2）开出2031号转账支票支付某公司修理仓库费用380元（银付字第36号凭证），其会计分录为，

借：管理费用——维修费	380
贷：银行存款	380

（3）销售289号产品100个给B公司，收到转账支票，价税合计4 600元，税率为4%，当日填写银行进账单送存银行（银收字第24号凭证），其会计分录为，

借：银行存款	4 600.00
贷：主营业务收入	4 423.08
应交税费——应交增值税（销项税额）	176.92

（4）收到银行转来C公司预购商品的电汇款6 780元（银收字第25号凭证），其会计分录为，

借：银行存款	6 780
贷：预收账款——C公司	6 780

（5）开出转账支票支付E电器厂货款3 000元（银付字第37号凭证），其会计分

录为，

　　借：应付账款——E电器厂　　　　　　　　　　　　　　　　　3 000
　　　　贷：银行存款　　　　　　　　　　　　　　　　　　　　　　　3 000

（6）收到F厂开出的转账支票，归还所欠货款4 900元，当即存入银行（银收字第26号凭证），其会计分录为，

　　借：银行存款　　　　　　　　　　　　　　　　　　　　　　　4 900
　　　　贷：应收账款——F厂　　　　　　　　　　　　　　　　　　4 900

根据以上业务登记银行存款日记账，如下表所示。

银行存款日记账

2022年		凭证		摘要	结算凭证		对方科目	借方	贷方	借贷	余额
月	日	字	号		种类	字号					
				承前页				83 098.67	36 710.32	借	46 388.35
3	31	银收	23	收A公司款	电汇	××	应收账款	8 595.00			
3	31	银付	36	付维修费	支	××	管理费用		380.00		
3	31	银收	24	销售B公司	支	××	主营业务收入	4 600.00			
3	31	银收	25	预收货款	电汇	××	预收账款	6 780.00			
3	31	银付	37	还欠款	支	××	应付账款		3 000.00		
3	31	银收	26	收到欠款	支	××	应收账款	4 900.00			
				本日合计				24 875.00	3 380.00	借	67 883.35
3	31			本月合计				107 973.67	40 090.32	借	67 883.35

2.3.3　出纳账簿的对账

对账就是核对账目。按照《会计基础工作规范》的要求，各单位应当定期将会计账簿记录的有关数字与库存实物、货币资金、有价证券、往来单位或个人等进行核对，保证账证相符、账账相符、账实相符。对账工作每年至少进行一次。就出纳工作而言，对账的主要内容如下。

2.3.3.1　现金日记账的对账

现金日记账的账证核对主要是指将现金日记账的记录与有关的收款凭证、付款凭证进行核对；账账核对是指将现金日记账与现金总分类账的期末余额进行核对；账实核对是指将现金日记账的余额与实际库存数额进行核对，具体操作方法如下。

（1）现金日记账与现金收付款凭证核对

收付款凭证是登记现金日记账的依据，账目和凭证应该完全一致。但是，在记账过

程中，由于工作粗心等原因，往往会发生重记、漏记、记错方向或记错数字等情况。账证核对要按照业务发生的先后顺序一笔一笔地进行，检查的项目如图2-11所示。

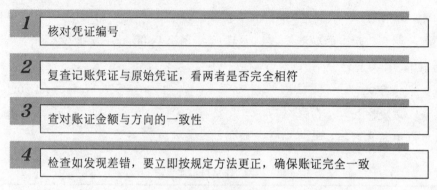

1 核对凭证编号

2 复查记账凭证与原始凭证，看两者是否完全相符

3 查对账证金额与方向的一致性

4 检查如发现差错，要立即按规定方法更正，确保账证完全一致

图2-11　检查的项目

（2）现金日记账与现金总分类账的核对

现金日记账是根据收付款凭证逐笔登记的，现金总分类账是根据收付款凭证汇总登记的，两者记账的依据是相同的，记录的结果应该完全一致。但是，两种账簿是由不同人员分别登记的，总账一般是汇总登记，在汇总和登记过程中，有可能发生差错；日记账是一笔一笔记录的，记录的次数很多，也难免发生差错。因此出纳人员应注意以下几点。

① 定期出具"出纳报告单"，与总账会计进行核对。

② 平时要经常核对两账的余额。每月终了结账后，总分类账各个科目的借方发生额、贷方发生额和余额都已试算平衡，一定要将总分类账中现金本月借方发生额、本月贷方发生额以及月末余额分别同现金日记账的本月收入（借方）合计数、本月支出（贷方）合计数和余额相互核对，查看账账之间是否完全相符。如果不符，先应查出差错在哪一方，如果借方发生额出现差错，应查找现金收款凭证、银行存款付款凭证（提取现金业务）和现金收入一方的账目；反之，则应查找现金付款凭证和现金付出一方的账目。找出错误后，应立即按规定的方法加以更正，做到账账相符。

（3）现金日记账与库存现金的核对

出纳人员在每天业务终了后，应自行清查账款是否相符。首先结出当天现金日记账的账面余额，再盘点库存现金的实有数，看两者是否完全相符。

> **提醒您**
>
> 在实际工作中，凡是当天来不及登记的现金收付款凭证，均应按"库存现金实有数＋未记账的付款凭证金额－未记账的收款凭证金额＝现金日记账账存余额"的公式进行核对。

2.3.3.2　银行存款日记账的对账

银行存款日记账对账是通过与银行送来的对账单进行核对实现的。银行存款日记账核对的主要内容，如图2-12所示。

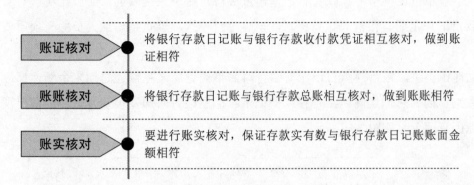

账证核对	将银行存款日记账与银行存款收付款凭证相互核对，做到账证相符
账账核对	将银行存款日记账与银行存款总账相互核对，做到账账相符
账实核对	要进行账实核对，保证存款实有数与银行存款日记账账面金额相符

图2-12　银行存款日记账的核对内容

（1）账证核对

收付款凭证是登记银行存款日记账的依据，账目和凭证应该是完全一致的。但是在记账过程中，由于各种原因，往往会发生重记、漏记、记错方向或记错数字等情况。账证核对应按照业务发生的先后顺序逐笔进行，检查的主要内容如图2-13所示。

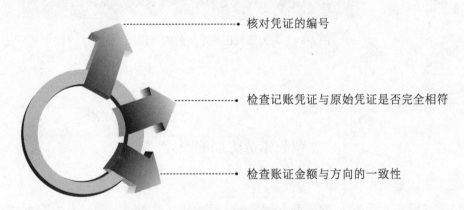

核对凭证的编号

检查记账凭证与原始凭证是否完全相符

检查账证金额与方向的一致性

图2-13　账证核对时检查的主要内容

检查中如发现差错，要立即按照规定方法更正，以确保账证完全一致。

（2）账账核对

银行存款日记账是根据收付款凭证逐笔登记的，银行存款总账是根据收付款凭证汇总登记的，两者记账依据是相同的，记录结果也应一致。但两种账簿是由不同人员分别登记的，总账一般是汇总登记的，在汇总和登记过程中，有可能发生差错。日记账是一笔一笔登记的，记录次数多，难免会发生差错。出纳人员平时要经常核对两账的余额。每月终了结账后，总账各科目的借方发生额、贷方发生额以及月末余额都已试算平衡，一定要将其分别同银行存款日记账中的本月收入合计数、本月支出合计数和余额相互核对，做到账账相符。

（3）账实核对

企事业单位银行中的存款实有数是通过银行对账单来反映的，所以账实核对是将银行存款日记账定期与银行对账单核对，至少每月一次，这也是出纳人员的一项重要日常工作。

从理论上讲，银行存款日记账与银行对账单无论是发生额还是期末余额，都应是完全一致的，因为它们是同一账号存款的记录。但是核对时却发现双方账目经常出现不一致，原因有两个，如图2-14所示。

原因一　双方账目可能存在记录或计算上的错误，如单位记账时漏记、重记，银行对账单串户等，这种错误应由双方及时查明原因，予以更正

原因二　有未达账项

未达账项是指因期末银行估算凭证传递时间出现差异而造成的银行与企业之间一方已入账，另一方尚未入账的账项

图2-14　双方账目出现不一致的原因

相关链接

引起未达账项的原因

发生未达账项有以下四种情况。

（1）银行已经收款入账，而企业尚未登记入账，这时会出现银行对账单结存额大于企业银行存款日记账结存额的情况。

（2）银行已经付款入账，而企业尚未登记入账，这时会出现银行对账单结存额小于企业银行存款日记账结存额的情况。

（3）企业已经收款入账，而银行尚未登记入账，这时会出现企业银行存款日记账结存额大于银行对账单结存额的情况。

（4）企业已经付款入账，而银行尚未登记入账，这时会出现企业银行存款日记账结存额小于银行对账单结存额的情况。

无论是记录有误，还是有"未达账项"，都要通过银行存款日记账与银行对账单逐笔"核对"才能发现，具体做法为：

① 出纳员根据银行提供的对账单同自己的银行存款日记账进行核对。

② 需要对凭证的种类、编号、摘要、记账方向、金额、记账日期等内容进行逐项核对。对账单与银行存款日记账记录内容相同的，可用"√"在对账单和日记账上分别标示，以表明该笔业务核对一致；若有"未达账项"时，应编制"银行存款余额调节表"进行调节，使双方余额相等。

2.3.3.3 查找错账的方法

出纳人员在对账时，要重点对各种账户的记录进行核对，常见的查账方法如下。

（1）差额法

根据错账的差额数，查找所登记的会计账簿、凭证中是否有与错账相同的数字。通过差额的多少可以对简单的漏记、重记进行查找。

（2）顺查法

顺查法是按照记账的顺序，从登记原始凭证、账簿，编制会计报表的全过程进行查找的一种方法。即首先检查记账凭证与原始凭证的内容、金额等是否一致，然后将记账凭证依次与各种日记账、明细账、总分类账逐笔进行核对，最后将其与会计报表进行核对结算。

这种检查方法可以发现重记、漏记、错记科目、错记金额等情况，其优点在于结果精确、方法简单；但是，查找起来费时费力，不便于进行专项查账或按业务分工进行查账。

（3）逆查法

逆查法又称倒查法，与顺查法相反，是从审阅、分析报表着手，根据发现的问题和疑点，确定查找重点，再核对有关的账簿和凭证。

这种检查方法比顺查法的查找范围小，而且有一定的核查重点，能够节约查账的时间和精力。但是，由于逆查法不进行全面而系统的检查，因此很难保证错账的查找准确度，不能完全揭露会计舞弊行为。如果查账人员经验不足，可能会出现较多的失误。

（4）偶合法

偶合法是根据账簿记录差错中经常出现的问题，推测与差错有关的记录并进行查找的一种方法。这种方法主要适用于漏记、重记、错记的查找，如表2-9所示。

2.3.3.4 错账的更正

（1）画线更正法。出纳员在登记账簿的过程中，如发现文字或数字记错时，可采用画线更正法进行更正。即先在错误的文字或数字上画一条红线注销，然后在红线上方空白处填写正确的记录，在画线时必须注意使原来的错误字迹仍可辨认。更正后，要在画线的一端盖章，以示负责。

表2-9　偶合法的差错说明

序号	差错类别	方法	具体说明
1	漏记的查找	总账一方漏记	在试算平衡时，借贷双方发生额不平衡，则出现差错。在总账与明细账核对时，某一总账所属明细账的借（或贷）方发生额合计数大于总账的借（或贷）方发生额，也出现一个差额，这两个差额正好相等，而且在总账与明细账中有与这个差额相等的发生额，说明总账一方的借（或贷）方漏记，借（或贷）方哪一方的数额小，漏记就在哪一方
		明细账一方漏记	明细账一方漏记，在总账与明细账核对时可以发现。总账已经试算平衡，但在进行总账与明细账核对时，发现某一总账借（或贷）方发生额大于其所属各明细账借（或贷）方发生额之和，说明明细账一方可能漏记，可对该明细账的有关凭证进行检查
		整张记账凭证漏记	如果整张记账凭证漏记，则没有明显的错误特征，只能通过顺查法或逆查法逐笔查找
2	重记的查找	总账一方重记	在试算平衡时，借贷双方发生额不平衡，则出现差错。在总账与明细账核对时，某一总账所属明细账的借（或贷）方发生额合计数小于该总账的借（或贷）方发生额，也出现一个差额，这两个差额正好相等，而且在总账与明细账中有与这个差额相等的发生额记录，说明总账借（或贷）方重记，借（或贷）方哪一方的数额大，重记就在哪一方
		明细账一方重记	如果明细账一方重记，在总账与明细账核对时可以发现。总账已经试算平衡，与明细账核对时，某一总账借（或贷）方发生额小于其所属明细账借（或贷）方发生额之和，则可能是明细账一方重记，可对与该明细账有关的记账凭证进行检查
		整张记账凭证重记	如果整张记账凭证重记，则没有明显的错误特征，只能用顺查法或逆查法逐笔查找
3	记反账的查找		记反账是指在记账时把发生额的方向弄错，将借方发生额记入贷方，或者将贷方发生额记入借方。总账一方记反账，在试算平衡时会发现借贷双方发生额不平衡，出现差额，这个差额是偶数，能被2整除，所得的商数在账簿上有记录。如果借方大于贷方，说明将贷方错记为借方；反之，则说明将借方错记为贷方。如果明细账记反了，而总账记录正确，则总账发生额试算是正确的，可用总账与明细账核对的方法进行查找

梁××在记账过程中发现账簿记录中的金额数字"780"误写为"870"，更正时，首先将870全部用红线画掉，然后在红线上方空白处用蓝字记上780，并盖章，如右图所示。

填写错误的更正方法

🔍【实例 5】▶▶▶

文字与金额错误更正（画线法）

企业收到长明工厂货款 8 792.00 元，存入银行存款账户。

（1）发现记账错误，银行存款日记账见下表。

银行存款日记账

2022年		凭证号	摘 要	结算凭证	借 方							贷 方							余 额						
月	日				万	千	百	十	元	角	分	万	千	百	十	元	角	分	万	千	百	十	元	角	分
6	1		期初结存																	6	0	0	0	0	0	0
			……																							
6	5	8	收到大明工厂结款			8	9	7	2	0	0														
			……																							
6	30		本月合计																							

账簿文字笔误   账簿数字笔误

（2）更正错误，银行存款日记账如下表所示。

银行存款日记账

2022年		凭证号	摘 要	结算凭证	借 方							贷 方							余 额						
月	日				万	千	百	十	元	角	分	万	千	百	十	元	角	分	万	千	百	十	元	角	分
6	1		期初结存																	6	0	0	0	0	0	0
			……																							
6	5	8	长 收到大明工厂结款			8 ~~8~~	7 ~~9~~	9 ~~7~~	2 ~~2~~	0 ~~0~~	0 ~~0~~	印章														
			……																							
6	30		本月合计																							

要注意的是：文字错误可以只更正个别错字，数字错误必须全部画线更正。

（2）红字更正法

记账以后，如果在当年内发现记账凭证的会计科目或金额有错误，可以使用红字更正法更正。如果发现以前年度记账凭证中有错误（指科目和金额）且导致账簿登记错误，应当用蓝字填制一张更正的记账凭证。

① 会计科目有误

具体操作时，先用红字填制一张与原错误完全相同的记账凭证，据以用红字登记入账，冲销原有的错误记录；同时用蓝字填制一张正确的记账凭证，注明"更正××××年×月×日×号记账凭证"，据以登记入账。

【实例6】▶▶▶

会计科目有误的更正（1）

记账时本应贷记"银行存款"科目，却误记为"库存现金"科目，并已登记入账，其更正方法如下。

（1）用红字填制一张与原错误分录相同的记账凭证，会计分录为，

借：其他应收款——李明 　　　　　　　　　　　　　　　　 800

　贷：库存现金 　　　　　　　　　　　　　　　　　　　　 800

（2）用蓝字填制一张正确的记账凭证，会计分录为，

借：其他应收款——李明 　　　　　　　　　　　　　　　　 800

　贷：银行存款 　　　　　　　　　　　　　　　　　　　　 800

【实例7】▶▶▶

会计科目有误的更正（2）

企业购入原材料10 000元，用银行存款支付。在记账时误记为以下会计分录，已经登记入账。

借：管理费用 　　　　　　　　　　　　　　　　　　　 10 000

　贷：银行存款 　　　　　　　　　　　　　　　　　　　 10 000

发现错误后，先用红字填制一张与原记账凭证相同的凭证，并用红字登记入账，冲销原有的账簿记录，会计分录为，

借：管理费用 　　　　　　　　　　　　　　　　　　　 10 000

> 贷：银行存款   10 000

然后，再用蓝字填制一张正确的记账凭证，并在摘要栏中注明"更正×××× 年×月×日×号记账凭证"，会计分录为，

借：原材料   10 000
　　贷：银行存款   10 000

② 金额有误

金额有误的更正与会计科目的更正稍有不同。在更正时，只需将多记金额用红字填制一张与原记账凭证科目、方向相同的凭证，并在摘要栏内注明"冲销××××年× 月×日×号记账凭证多记金额"，然后据以登记入账。

🔍 【实例8】▸▸▸

金额有误的更正

企业购入原材料1 000元，用现金支付。在记账时误记为以下会计分录，已经登记入账。

借：原材料   10 000
　　贷：库存现金   10 000

发现错误后，用红字将多记金额编制记账凭证，在摘要栏内注明"冲销××××年×月×日×号记账凭证多记金额"，会计分录为，

借：原材料   9 000
　　贷：库存现金   9 000

提醒您

在记账凭证中，只有实记金额大于应记金额时，才使用红字更正法，否则就应使用补充登记法。

（3）补充登记法

在记账以后发现记账凭证填写的金额小于实际金额时，可采用补充登记法进行更正。更正时，可将少记数额用蓝字填制一张记账凭证，补充登记入账，并在摘要栏内注明"补充××××年×月×日×号凭证少记金额"。

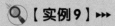 **【实例9】** ▶▶▶

少记金额的补充更正

某企业通过开户银行收到某购货单位偿还的前欠货款18 600元，在填制记账凭证时将金额误记为16 800元，少记了1 800元，并已登记入账。

更正时，应将少记的1 800元用蓝字填制一张记账凭证，并登记入账，补充更正分录为，

借：银行存款   1 800

 贷：应收账款   1 800

根据补充记账凭证登记入账后，"银行存款"和"应收账款"两科目的原有错误都得到了更正。

2.3.3.5 实现会计电算化后的对账

计算机核对银行账与手工核对银行账的原理和方法基本相同，但对账、核销已达账项以及编制银行存款余额调节表等工作基本交由计算机自动完成。计算机核对银行账，首先将银行发来的对账单输入计算机的银行对账单库中；然后由用户确定对账的银行存款科目及对账方式，由计算机自动将系统中存储的银行日记账记录按对账的条件进行筛选，并将筛选的记录送入银行日记账未达账库中；最后在银行对账单库与日记账未达账库之间进行自动核对和核销，并自动生成银行存款余额调节表。

2.3.4 出纳账簿的结账

为了总括一定时期内（如年度、季度、月度）的全部经济业务和相应的财产收支情况，定期进行的汇总、整理、总结工作就是结账。

2.3.4.1 结账前的准备

结账前必须将本期（按月、按季或按年）内应该办理会计凭证手续的经济业务，全部填制记账凭证，并登记入账。本期的记账凭证要全部编号、装订、汇总，登记账簿时要一笔不漏，将发生额与有关对应科目的发生额核对无误后，才能结账。

2.3.4.2 结账的方法

对于出纳员而言，主要做好现金日记账、银行存款日记账等的结账工作，结出本期发生额和期末余额。结账的方法有以下几种。

（1）日结账

① 每日业务终了，出纳员逐笔序时地登记完现金日记账和银行存款日记账后，应结出本日结余额，并将现金日记账与当日库存现金核对。

② 在分清"收入日记账"和"支出日记账"的情况下，出纳员每日终了按规定登记入账后，结出当日收入合计数和当日支出合计数，然后将"支出日记账"中当日支出合计数转记"收入日记账"中的当日支出合计栏内，并在此基础上结出当日账面余额。

（2）月结账

月结账是以一个月为结账周期，每个月月末对本月内的经济业务情况进行总结。

① 每个月月底，要采用画线结账的方法进行结账，即在各账户最后一笔账的下一行结出"本期发生额"和"期末余额"，在"摘要"栏内注明"本月合计"字样。

② 月末如无余额，应在"借或贷"一栏中注明"平"，并在"余额"栏中记"0"后，画上一条红线。

③ 对于需逐月结算本年累计发生额的账户，应逐月计算自年初至本月份止的累计发生额，并登记在月结的下一行，在"摘要"栏内注明"本月合计"字样，如表2-10所示。

表2-10　银行存款日记账

第 1 页
开户银行　工商银行××支行
账　号　068×××××××

2022年		凭证字号	银行凭证	摘要	对方科目	借方金额 (亿千百十万千百十元角分)	贷方金额 (亿千百十万千百十元角分)	借或贷	余额 (亿千百十万千百十元角分)	√
月	日									
12	01			期初余额				借	3 1 6 7 0 0 0 0	
12	07	银付3	支2011	提现备用	库存现金		3 0 0 0 0 0	借	3 1 3 7 0 0 0 0	
12	08	银收4	支票	收到前欠货款	应收账款	2 0 0 0 0 0 0 0		借	5 1 3 7 0 0 0 0	
12	18	银付9	托收	支付水电费	制造费用等		3 2 0 0 0 0	借	4 8 1 7 0 0 0 0	
12	21	银付11	支2027	提现备发工资	库存现金		3 8 4 0 0 0 0	借	9 7 7 0 0 0 0	
12	31			本月合计		2 0 0 0 0 0 0 0	4 1 9 0 0 0 0 0			

（3）季结账

① 办理季结，应在各账户本季度最后一个月的月结下面画一通栏红线，表示本季结束。

② 在红线下结算出本季发生额和季末余额，并在摘要栏内注明"本季合计"字样，最后，在摘要栏下面画一通栏红线，表示完成季结工作，如表2-11所示。

表2-11　银行存款日记账

单位：元

2022年		凭证字号	摘要	对方科目	借方	贷方	余额
月	日						
3	1		期初余额				696 640.00
3	20		1～20日		483 100.00	307 500.00	872 240.00
3	21	银收54	向银行借款	短期借款	200 000.00		1 072 240.00
3	21	银付68	购进运输卡库	固定资产		234 000.00	838 240.00
3	21	银付69	提现备用	现金		1 000.00	837 240.00
3	21	银付70	用支票支付电话费	管理费用		5 110.00	832 130.00
3	22	银付71	购进材料	原材料		234 000.00	598 130.00
3	22	银付72	付一季度贷款利息	预提费用		12 000.00	586 130.00
3	23	银付73	代垫销售运杂费	应收账款		1 450.00	584 680.00
3	23	银付74	偿还上月购料款	应付账款		306 000.00	278 680.00
3	25	银付75	支票支付广告费	营业费用		1 900.00	276 780.00
3	27	银收55	收回销货款	应收账款	586 450.00		863 230.00
3	31		本月合计		1 269 550.00	1 102 960.00	863 230.00
3	31		本季合计		4 156 600.00	3 990 010.00	86 3230.00

（4）年结账

年结账是以一年为周期，对本年度内各项经济业务情况及结果进行总结。

① 在年末，将全年的发生额累计，登记在12月份合计数的下一行，在"摘要"栏内注明"本年合计"字样，并在下面画一通栏双红线。

② 对于有余额的账户，应把余额结算至下一年，在年结数下一行的"摘要"栏内注明"结转下年"字样，如表2-12所示。

表2-12　银行存款年结账示例

单位：元

2022年		凭证字号	摘要	对方科目	借方	贷方	余额
月	日						
12	1		期初余额				696 640.00
12	20		1～20日		483 100.00	307 500.00	872 240.00
12	21	银收54	向银行借款	短期借款	200 000.00		1 072 240.00
12	21	银付68	购进运输卡库	固定资产		234 000.00	838 240.00
12	21	银付69	提现备用	现金		1 000.00	837 240.00

续表

2022年 月	日	凭证字号	摘要	对方科目	借方	贷方	余额
12	21	银付70	用支票支付电话费	管理费用		5 110.00	832 130.00
12	22	银付71	购进材料	原材料		234 000.00	598 130.00
12	22	银付72	付一季度贷款利息	预提费用		12 000.00	586 130.00
12	23	银付73	代垫销售运杂费	应收账款		1 450.00	584 680.00
12	23	银付74	偿还上月购料款	应付账款		306 000.00	278 680.00
12	25	银付75	支票支付广告费	营业费用		1 900.00	276 780.00
12	27	银收55	收回销货款	应收账款	586 450.00		863 230.00
12	31		本月合计		1 269 550.00	1 102 960.00	863 230.00
12	31		本季合计		4 156 600.00	3 990 010.00	863 230.00
12	31		本年合计		15 970 800.00	9 463 260.00	863 230.00
12	31		结转下年		863 230.00		0.00

③ 在下一年新账页第一行的"摘要"栏内注明"上年结转"字样，并把上年年末余额数填写在"余额"栏内，如表2-13所示。

表2-13　银行存款日记账

第 1 页
开户银行　工商银行××支行
账　　号　068×××××××

2019年 月	日	凭证字号	银行凭证	摘要	对方科目	借方金额	贷方金额	借或贷	余额	√
1	01			上年结转				借	3 167 000.00	
1	07	银付3	支2011	提现备用	库存现金		30 000.00	借	3 137 000.00	
1	08	银收4	支票	收到前欠货款	应收账款	2 000 000.00		借	5 137 000.00	
1	18	银付9	托收	支付水电费	制造费用等		320 000.00	借	4 817 000.00	
1	21	银付11	支2027	提现备发工资	库存现金		3 840 000.00	借	977 000.00	
1	31			本月合计		2 000 000.00	4 190 000.00			

2.3.4.3　实现会计电算化后的结账

每月月底都需要进行结账处理。计算机结账不仅要结转各账户的本期发生额和期末余额，还要进行一系列电算化处理，如检查会计凭证是否全部登记入账并经审核签章、试算平衡处理等。与手工结账相比，电算化结账工作更加规范，结账全部由计算机自动完成。结账工作需要注意的事项如图2-15所示。

事项一	由于月结账后不能再输入和修改该月的凭证，所以使用会计软件时，结账工作应由专人负责，以防止其他人员误操作
事项二	结账前应检查该月的所有凭证是否均已记账、结账日期是否正确、其他相关模块的数据是否传递完毕，以及其他结账条件是否完备。若结账条件不满足，则应退出本模块，检查本月输入的会计凭证是否全部登记入账。只有在本月输入的会计凭证全部登记入账后才允许结本月的账。一个月可以记账数次，但只能结一次账
事项三	结账必须逐月进行，上月未结账则不允许结本月的账。若结账成功，则应做月结标志，之后不能再输入该月的凭证和记该月的账；若结账不成功，则应恢复到结账前的状态，同时给出提示信息，要求用户做相应的调整
事项四	年底结账，系统自动产生下年度的空白数据文件（即数据结构文件），并结转年度余额。同时自动对"固定资产"等会计文件做跨年度连续使用的处理
事项五	跨年度时，因年终会计工作的需要，会计软件允许在上年度未结账的情况下输入本年度一月份的凭证；单位可以根据具体情况，将结账环境设置为：在上年度未结账的情况下不允许输入本月的凭证
事项六	结账前应做一次数据备份，如果结账不正确，可以恢复重做

图2-15　结账工作需要注意的事项

2.3.5　定期编制出纳报告单

出纳员记账后，应根据现金日记账、银行存款日记账、有价证券明细账、银行对账单等核算资料，定期编制"出纳报告单"，报告本单位一定时期现金、银行存款、有价证券的收、支、存情况，并与总账会计核对期末余额。

"出纳报告单"主要反映库存现金、银行存款和有价证券的收、存，并与总账核对期末余额，其基本格式如表2-14所示。

表2-14　出纳报告单

单位名称：　　　　　　　　　　　　　　年　　　月　　　日

项目	库存现金	银行存款	有价证券	备注
上期结余				
本期收入				
合计				
本期支出				
本期结余				

主管：　　　　　记账：　　　　　出纳：　　　　　复核：　　　　　制单：

（1）填制时间

出纳报告单的报告期可与本企业总账会计汇总记账的周期一致。如果本企业总账10天汇总一次，则出纳报告单每10天编制一次。

（2）填制要求

出纳报告单的填制要求如表2-15所示。

表2-15 出纳报告单的填制要求

序号	项目	填制要求
1	上期结存数	上期结存数是指报告期的前一期末结存数，即本期报告期前一天的账面结存金额，也等于上一期出纳报告单的"本期结存"数
2	本期收入	"本期收入"按照对应账簿的账面本期合计借方数字填列
3	合计数	"合计"栏填写上期结存与本期收入的合计数
4	本期支出	"本期支出"按对应账簿的账面本期合计贷方数字填列
5	本期结存	"本期结存"是指本期期末账面的结存数，"本期结存"数＝"合计"数－"本期支出"数。本期结存数应与账面实际结存数相一致

2.3.6 编制银行存款余额调节表

对于核对出来的未达账项，出纳员应编制银行存款余额调节表，以检查银企双方的余额是否平衡。对未达账项进行余额调节的平衡公式为：

$$单位银行存款日记账余额 + 银行已收而单位未收的款项 - 银行已付而单位未付的款项$$

$$= 银行对账单余额 + 单位已收而银行未收的款项 - 单位已付而银行未付的款项$$

经调节后双方余额相符，说明账务处理无差错，可据以编制银行存款余额调节表。其编制规则是：哪方未收就在哪方加上，哪方未付就在哪方减去。

🔍 【实例10】 ▶▶▶

银行存款余额调节表

某企业2022年7月31日的银行存款日记账余额为158 200元，而银行对账单余额为78 000元，经逐笔核对，发现有如下四笔未达账项。

（1）7月11日，企业收到货款100 000元，银行尚未入账。

（2）7月18日，银行支付企业水电费800元，企业因未收到银行的付款通知书，尚未入账。

（3）7月20日，企业开出现金支票一张，金额600元，持票人尚未到银行提现，银行未入账。

（4）7月25日，某单位汇来预付货款20 000元，银行已经收妥入账，但企业尚未入账。

银行存款余额调节表如下所示。

银行存款余额调节表

2022年7月31日   单位：元

项目	金额	项目	金额
企业银行存款日记账余额	158 200	银行对账单余额	78 000
加：银行已收，企业未收款	20 000	加：企业已收，银行未收款	100 000
减：银行已付，企业未付款	800	减：企业已付，银行未付款	600
调节后的存款余额	177 400	调节后的存款余额	177 400

某企业8月份银行存款余额为95 600元，银行对账单余额为98 600元。现发现未达账款为：

（1）某日送存银行的转账支票1 000元，银行未入账。

（2）某日企业开出的转账支票1 800元，持票人未到银行办理转账。

（3）企业委托银行收取款项3 000元，银行已收妥入账，企业未收到通知。

（4）银行代企业付电话费800元，银行未通知企业。

该企业编制出的银行存款余额调节表如下所示。

银行存款余额调节表

2022年8月31日   单位：元

项目	金额	项目	金额
银行存款日记账	95 600	银行对账单余额	98 600
加：银行已收而企业未收的款项	3 000	加：企业已收而银行未收的款项	1 000
减：银行已付而企业未付	800	减：企业已付而银行未付	1 800
调整后的余额	97 800	调整后的余额	97 800

在这里强调一点，凡是有银行存款的企业，均有可能出现未达账项，因此，银行存款余额调节表，也同样适用于其他类别的存款。

调节后，如果双方余额相等，一般可以认为双方记账没有差错，不需要做任何调整，不能直接以银行存款余额调节表的结果来调整账簿。

若调节后双方余额仍然不相等，原因有两个：一是未达账项未全部查出；二是一方或双方账簿记录有差错。不管是什么原因，都要进一步检查并加以更正，直到调节表中双方余额相等为止。

调节后的余额既不是企业银行存款日记账的余额，也不是银行对账单的余额，它是企业银行存款的真实数字，也是企业当日可以动用的银行存款的极大值。

 学习笔记

请对本章的学习做一个小结，将你认为的重点事项和不懂事项分别列出来，以便于自己进一步学习与提升。

本章重点事项
1.
2.
3.
4.
5.
本章不懂事项
1.
2.
3.
4.
5.
个人心得
1.
2.
3.
4.
5.

第3章
出纳现金业务操作实务

 学习目标：

1.了解现金收款程序，掌握复核现金收款凭证、核算现金收入的操作步骤、方法。

2.了解现金支付的范围、原则、程序，掌握现金支付的方式及记账、现金付款凭证复核的步骤、方法。

3.了解现金送存的步骤，掌握各个步骤——整理现金、填写现金送款单、送存交款、记账等的操作方法。

4.掌握备用金领用、报销、保管等的要求及操作步骤、方法。

5.掌握每日清点现金数量及清查现金的要求及操作步骤、方法。

3.1　现金收款

3.1.1　现金收款程序

出纳员须凭现金收入传票（包括视同现金收入传票的各项凭证）收款，其程序如图 3-1 所示。

> 根据现金收入传票点收现款，鉴定现钞的真伪后，在现金收入传票上加盖"收款日戳"及"分号"（收入传票的分号每日自第一号依序编列），并盖私章

> 将收款后的传票依序登记于现金收入账、现金收入日记账后，把传票及附件递交有关部门办理

> 各有关部门办妥手续后，按传票所记号码呼号收回"号码牌"（应注意有无涂改），并凭此交付信托单或凭证等

> 如需签发或发还信托单或各种凭证，应于传票下端制票员编号处登记"号码牌"号数（号码牌与传票加盖骑缝私章）后，将"号码牌"（签发信托单时以收入传票第二联代替号码牌）交给客户，其可凭此向原经办部门领取所需凭证

图 3-1　现金收款程序

3.1.2　怎样复核现金收款凭证

现金收款凭证是出纳员办理现金收入业务的依据。出纳员在办理每一笔现金收入前，都必须复核现金收款凭证，按照《现金管理暂行条例》及《会计基础工作规范》等有关规定和要求认真复核图 3-2 所示的内容。

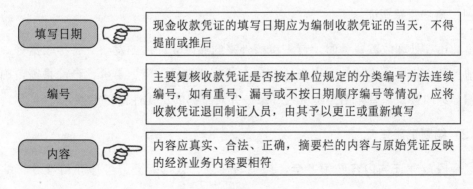

填写日期	现金收款凭证的填写日期应为编制收款凭证的当天，不得提前或推后
编号	主要复核收款凭证是否按本单位规定的分类编号方法连续编号，如有重号、漏号或不按日期顺序编号等情况，应将收款凭证退回制证人员，由其予以更正或重新填写
内容	内容应真实、合法、正确，摘要栏的内容与原始凭证反映的经济业务内容要相符

图 3-2

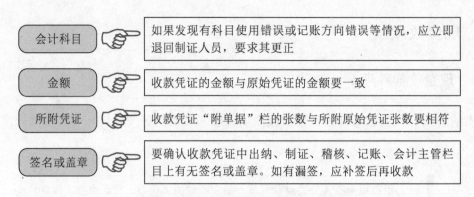

图3-2　现金收款凭证复核的项目及要求

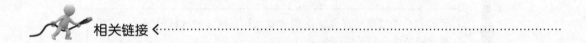

相关链接

收整付零计算法

出纳员每天要收付多笔现金，经常会出现收到整笔款项而需要找回零钱的情况，这在发票报销过程中更是常见。这时，需要改变一下常规计算程序。比如，某职工出差前预借公款500元，回来后实际报销结算单据为462.5元，此时应收回现金37.5元。但由于该职工随身仅有一张面值50元的人民币，其交来50元，还需找回其现金12.5元。这种业务通常的计算程序是：500−462.5−50=−12.5（元）

接连出现两笔先后收付对象相反的金额，稍有不慎便会出现差错。如果改变一下计算程序，使之成为：462.5+50−500=12.5（元）

这样会更为便捷，既提高了工作效率，又不容易出现找零差错。

3.1.3　现金收入的核算

3.1.3.1　审核原始凭证

出纳员在处理收款业务时，首先审核外来的原始凭证，如发票、各种收据等，确认该项业务的合理性、合法性，以及该凭证所反映的商品数量、单价、金额是否正确，有无刮擦、涂改迹象，有无相关负责人签章，并对票据的真实性进行审核。

3.1.3.2　编制记账凭证

现金收款凭证的内容必须齐全，应书写清晰、数据规范、会计科目准确、编号合理、签章手续完备。

（1）现金收款凭证的内容必须齐全。凡是凭证格式上规定的各项内容，必须逐项填写，不得遗漏和省略，以便完整地反映经济活动全貌。

（2）现金收款凭证中的文字、数字必须清晰、工整、规范。

（3）记账凭证中所运用的会计科目必须准确。按照原始凭证所反映的现金收款业务的性质及会计制度的规定，确定应"收"和应"付"会计科目；需要登记明细账的，还应列明二级科目和明细科目的名称。一般来说，出纳员只涉及收付款凭证，不涉及转账凭证。对于收款凭证，借方科目为"现金"或"银行存款"，贷方科目应根据经济业务的具体情况而定，例如，贷记"主营业务收入""其他业务收入"等；对于付款凭证，贷方科目为"库存现金"或"银行存款"，借方科目也应根据经济业务的具体情况而定，例如，借记"原材料""材料采购""管理费用"等。

（4）现金收款凭证要求连续编号，以备检查。作废时应加盖"作废"戳记，连同存根联一起保存，不得撕毁。记账凭证一般按月顺序编号，可采取两种方式：一是将收付款凭证自每月第一笔业务顺序编至月末最后一笔业务；二是收付款凭证与转账凭证混合编号。无论选择哪种方式，都要注意不可以有漏号、重号错误。

3.2 现金支付

3.2.1 现金支付的范围

《现金管理暂行条例》规定，开户单位可以在图3-3所列范围内使用现金。

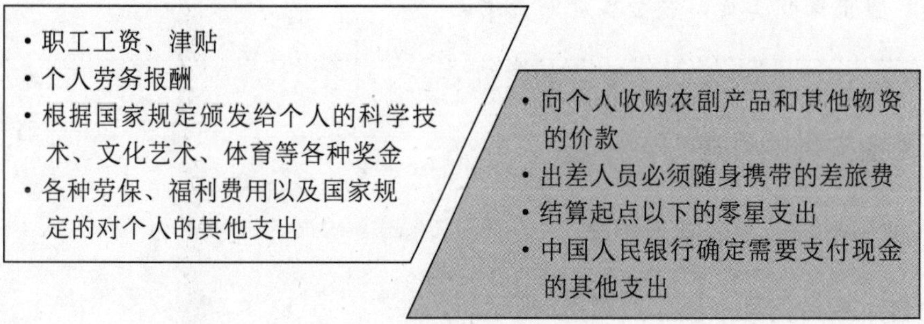

- 职工工资、津贴
- 个人劳务报酬
- 根据国家规定颁发给个人的科学技术、文化艺术、体育等各种奖金
- 各种劳保、福利费用以及国家规定的对个人的其他支出

- 向个人收购农副产品和其他物资的价款
- 出差人员必须随身携带的差旅费
- 结算起点以下的零星支出
- 中国人民银行确定需要支付现金的其他支出

图3-3 现金支付的范围

3.2.2 现金支付的原则

出纳员必须以严肃认真的态度处理现金支付业务，因为一旦发生失误，将会造成不可追补的经济损失。现金支付主要有如图3-4所示的几个原则。

1	必须以真实、合法、准确的付款凭证为依据
2	必须以谨慎严肃的态度来处理支付业务，宁可慢一些，也不能疏忽大意
3	必须以手续完备、审核无误的付款凭证为最终付款依据
4	现金支付时，要当面点清，双方确认无误
5	不得套取现金用于支付

图3-4　现金支付的五大原则

 相关链接

套取现金的表现

套取现金是指逃避现金审查，采用不正当的手段支取现金的违法行为。套取现金主要有以下几种表现。

（1）编造合理用途或以差旅费、备用金等名义支取现金。

（2）利用私人或其他单位的账户支取现金。

（3）将公款转存个人储蓄账户支取现金。

（4）用转账方式通过银行、邮局汇兑，异地支取现金。

（5）用转账凭证换取现金。

（6）虚报冒领工资、奖金和津贴补助。

3.2.3　现金支付的程序

3.2.3.1　现金付款业务的基本程序

现金付款业务的基本程序如图3-5所示。

3.2.3.2　不同情形下的现金支付程序

支付现金有主动支付和被动支付两种情形。

（1）主动支付现金

主动支付是指财务部门主动将现金付给收款单位和个人，如发放工资、奖金、薪金、津贴以及福利等，其程序如图3-6所示。

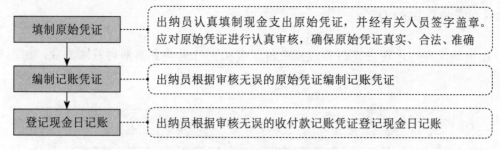

图3-5　现金付款业务的基本程序

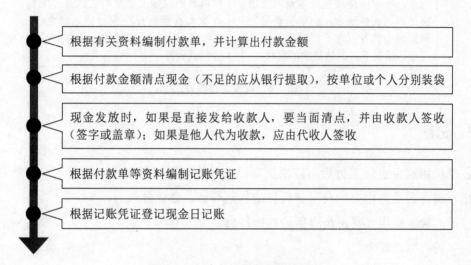

图3-6　主动支付现金业务的程序

（2）被动支付现金

被动支付是指收款单位或个人持有关凭证到出纳部门领报现金，其程序如图3-7所示。

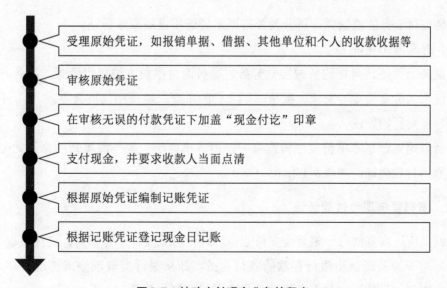

图3-7　被动支付现金业务的程序

3.2.4　现金支付的方式

在出纳工作中，现金支付有直接支付现金和支付现金支票两种基本方式，如图3-8所示。

> **直接支付现金方式**
>
> 出纳员根据有关支出凭证直接支付现金，减少库存现金的数量。使用这种方式支付现金，出纳员要事先做好现金储备，在不超过库存现金限额的情况下，保障现金的支付

> **支付现金支票方式**
>
> 出纳员根据审核无误的有关凭证，将填好的现金支票交给收款人，由收款人直接到开户银行提取现金。这种支付方式主要适用于大宗的现金付款业务

图3-8　现金支付的方式

3.2.5　记账

各单位用现金进行支付后，应根据实际支付的金额编制现金付款凭证，其贷方科目为现金，借方科目为相应的费用类科目或其他科目，会计分录为，

借：管理费用（费用类科目或其他科目）

贷：库存现金

3.2.6　现金付款凭证的复核

3.2.6.1　现金付款凭证的种类

现金支付业务的原始凭证可分为外来原始凭证和自制原始凭证。

（1）外来原始凭证

外来原始凭证是向外购货或接受劳务、服务而由供货方或提供劳务、服务方填写的原始凭证，如购货接受的发票，乘坐车船飞机的车票、船票和飞机票等。

（2）自制原始凭证

自制原始凭证是本单位发生付款业务时由本单位统一制作或填开的原始凭证。常见的自制原始付款凭证，如表3-1所示。

3.2.6.2　怎样复核现金付款凭证

出纳员应认真复核每一笔现金支付业务的现金付款凭证。复核时，应注意以下几点：

（1）对于涉及现金和银行存款的收付业务，即从银行提取现金或将现金存入银行，为了避免重复，只按照收付业务涉及的贷方科目编制付款凭证。

表3-1 自制原始付款凭证的种类

序号	凭证种类	具体说明
1	工资表	是各单位按月向职工支付工资的原始凭证。出纳员按每个员工的工资数计算工资总额,通过银行办理,并附以工资发放清单
2	报销单	是各单位内部有关人员为单位购买零星物品,按外单位或个人劳务费或服务费办理报销业务,以及单位职工报销医药费、托补费等使用的单据
3	借款收据	是单位内部所属机构购买零星办公用品或职工因公出差等向出纳员借款时使用的凭证
4	领款收据	是本单位职工向单位领取各种非工资性奖金、津贴、补贴、劳务费和其他各种现金款项及其他单位或个人向本单位领取各种劳务费、服务费时填制的付款凭证
5	差旅费借款单、报销单	出差人员预先借差旅费时,可以使用差旅费借款结算单作为原始凭证

（2）当现金付款凭证出现红字时,表示实际经济业务现金收入的增加,但在处理时为了避免混淆,出纳员在凭证上仍应加盖现金付讫章,以表示原经济业务付出的款项已全部退回。

（3）当发生销货退回时,如数量较少且退款金额在转账起点以下,需用现金退款,必须取得对方的收款收据,不得以退货发货票代替收据编制付款凭证。

（4）从外单位取得的原始凭证如遗失,应取得原签发单位盖有公章的证明,并注明原始凭证的名称、金额、经济内容等;经单位负责人批准,方可代替原始凭证。如确实无法取得证明,应由当事人写出详细情况,经同行人证明,主管领导和财务负责人批准后,方可代替原始凭证。

（5）"原始凭证分割单"可作为填制付款凭证的依据。出纳员需要对"原始凭证分割单"进行审查,如表3-2所示。

表3-2 原始凭证分割单（支付证明）

单位：　　　　　　　　　　　　　　　　　　　　　　　　　年　　月　　日

品名或用途	摘要	金 额								
		百	十	万	千	百	拾	元	角	分
人民币金额（大写）										
原始凭证	编号		单位名称			电话				
	分割原因									

核准（签章）：　　　证明（签章）：　　　验收（签章）：　　　经手（签章）：　　　制单（签章）：

3.3　现金送存

　　企业在日常现金收支业务中，除了规定坐支的现金和非业务性零星收入收取的现金可以用于补足库存现金限额外，其他业务活动取得的现金以及超过库存现金限额的现金都必须于当日送存银行。当日送存银行确有困难的，由开户银行确定送存时间。送存现金的基本程序如下。

3.3.1　整理现金

　　出纳员将现金送存银行之前，为了便于银行柜台清查，提高工作效率，应对送存现金进行分类整理。

 **相关链接**

现金整理的方法

　　现金整理的方法为：

　　纸币应按照票面金额（即券别）分类整理。纸币可分为主币和辅币，主币包括100元、50元、10元、5元和1元，辅币包括5角、1角。出纳员应将各种纸币打开铺平，按币别每100张为一把，用纸条和橡皮筋箍好，每10把为一捆。比如，100元的纸币一把为10 000元，一捆即为100 000元；10元的纸币一把为1 000元，一捆即为10 000元。不满100张的，从大到小平摊摆放。

　　铸币包括1元、5角、1角，也应按币别整理。同一币别每100枚为一卷，用纸包紧卷好；每10卷为一捆。例如，5角的铸币每一卷为50元，每一捆即为500元。不满50枚的硬币，也可不送，用纸包好另行存放。

　　残缺破损的纸币和已经穿孔、裂口、破缺、压薄、变形以及正面国徽、背面数字模糊不清的铸币，应单独剔出，另行包装，整理方法与前面相同。

3.3.2　填写现金送款单

　　现金整理完后，出纳员应根据整理后的金额填写现金送款单（见表3-3）。现金送款单一般一式四联，第一联为回单，由银行签章后作为送款单位的记账依据；第二联为银行收入传票；第三联为收账通知；第四联由银行出纳留存，作为底联备查。出纳员在填写现金收款单时，要按规定格式如实填写有关内容，包括收款单位名称、款项来源、开户银行、送款日期、科目账号、送款金额的大小写及各券别的数量等。

出纳员在填写现金送款单时应注意以下几点。

（1）必须如实填写现金送款单的各项内容，特别是款项来源等。

（2）交款日期应当填写送存银行当日的日期。

（3）券别明细账的张数和金额必须与各券别的实际数一致，1元、5角、1角等既有纸币又有铸币的，应填写纸币、铸币合计的数量和金额。

（4）在填写现金送款单时必须采用双面复写纸（送款单自身带复写功能的除外），字迹必须清楚、规范，不得涂改。

表3-3　中国××银行现金送款单

交款日期：　　　　　　　　　　　　　　　　　年　　月　　日

对方科目			开户银行账号										
收款单位名称			款项来源										
币种及金额 （大写）			千	百	十	万	千	百	十	元	角	分	
券别	100元	50元	10元	5元	1元	5角		1角	金额合计				
数额													
整把券 零把券									收款银行盖章				

收款复核：

3.3.3　送存交款

3.3.3.1　操作程序

（1）出纳员按规定整理现金并填写现金送款单后，应将现金连同现金送款单一起送交银行柜台收款员。

（2）在交款时，送款人必须同银行柜台收款员当面交接清点。

（3）经柜台收款员清点无误后，银行按规定在现金送款单上加盖印章，并将回单联退还送款人。送款人接到回单联后应当进行检查，确认为本单位交款回单，在银行有关手续已经办妥后方可离开柜台。

有的企业交款数额较大或者辅币较多，银行当面点清确有困难，企业可事先与银行协商，采取"封包交款"的办法交款。

相关链接

封包交款

封包交款指的是交款单位把要交存银行的现金按有关要求进行整理，并按银行的规定捆包好，在捆包上加贴封签、写明金额、加盖公章，连同填写好的现金送款单一并送交银行。银行先凭封签上的金额轧清大数后收款，并在现金送款单上加盖"收讫"章和收款员印章，将回单联交给交款人，事后再按规定逐包清点细数。如发现长短款，应向交款单位办理多退少补手续。

实行封包交款的单位在封包时，首先要整理货币，其次按银行的要求进行封包（捆扎）。封包时，纸币要按面额分类，将每10把扎成一捆。捆扎时上下垫好衬纸，采用十字形捆扎，在每捆钞票打结处加贴封签，封签贴在衬纸上。不满100张的，按零头整理好后加贴封签。硬币也要按面额分类，将每10卷扎成一捆，同样加贴封签。不满100枚的零头按币别打卷，并在卷上写明枚数、金额、日期，加盖经手人名章。封包的封签必须写明金额、日期、封包经办人员姓名，并加盖单位公章。另外，封包必须露封，以便于银行轧点大数。

如果银行柜台收款员在轧计大数时，当即发现有差错，应立即告知交款人，经交款人当场复点后，在银行设置的"单位交款差错登记簿"上进行登记，并由交款人签章。单位交款人按照复点后的金额重新填制现金送款单。如果银行事后清点发现长款或短款，应在封包的封签上注明长款或短款的金额，由银行收款员和收款复核员共同签章，登记"单位交款差错登记簿"和填写错款证明单，并向交款单位退回长款或收回短款。如果银行清点封包时发现差错金额较大，应保持原封包，及时通知交款单位派人复点，然后按封包协议的规定处理。

3.3.3.2 注意事项

出纳员送存现金时的注意事项如图3-9所示。

事项一	整理好准备送存银行的现金，在填好现金送款单后，一般不宜再调换票面。如确需调换，应重新复点，同时重新填写"银行送款簿"
事项二	交款人最好是现金整理人，这样可以避免发生差错时责任不明
事项三	送存途中必须注意安全。送存金额较大的款项时，最好用专车，并派人护送
事项四	临柜交款时，交款人必须与银行柜台收款员当面交接清点，要一次交清，不得边清点边交款
事项五	交款人交款时，如遇到柜台较为拥挤，应按次序等候。等候过程中应做到钞票不离手，不能将其置于柜台之上，以防发生意外

图3-9 出纳员送存现金时的注意事项

3.3.4 记账

交款人将现金送存银行并取回现金送款单（回单联）后，出纳员应根据回单联填制现金付款凭证，会计分录为，

借：银行存款

贷：库存现金

如果现金不是由出纳员汇总后送存银行，而是由企业柜台人员直接送存银行，出纳员则应根据现金送款单（回单联）编制银行存款收款凭证，会计分录为，

借：银行存款

贷：主营业务收入等

提醒您

依据《现金管理暂行条例》及其实施细则的规定，各单位收入的现金必须及时送存银行。对公款私存的，开户银行有权按存入金额的30% ~ 50%进行处罚；对私自坐支的，按坐支金额的10% ~ 30%进行处罚；对单位之间互相借用现金的，按借用额的10% ~ 30%进行处罚；对保留账外公款的，按保留额的10% ~ 30%进行处罚。

3.4 备用金管理

备用金是指付给单位内部各部门或工作人员用于零星开支、零星采购、信贷找零或差旅费用的款项。

3.4.1 备用金的领用

单位内部人员需领用备用金时，一般由经办人填写现金借款单（见表3-4）。借款单可采用一式三联式：第一联为付款凭证，由财务部门作为记账依据；第二联为结算凭证，借款期间由出纳员留存，用作报销时的核对依据，报销后将此联随同报销单据作为记账凭证的附件；第三联交借款人员保存，报销时由出纳员签字，作为借款人及时交回借款的收据。

表3-4　现金借款单

年　　　月　　　日

借款人											
借款用途											
	金额（大写）	拾	万	仟	佰	拾	元	角	分	¥	
总裁意见		领导意见		财务审核			经办部门意见		经办人		

注：本单一式三联。第一联由财务部门留存；第二联由出纳留存；第三联由借款人留存。

3.4.2 备用金的报销

备用金报销的处理因企业备用金管理制度的不同而有所区别。备用金管理制度可以分为定额备用金制度和非定额备用金制度两种。

（1）定额备用金

所谓定额备用金是指单位根据经常使用备用金的内部各部门或工作人员的零星开支、零星采购等实际需要而核定一个现金数额，并经常保持核定数额的现金。使用定额备用金的部门或工作人员应按核定的金额填写借款凭证，一次性领出全部定额现金，然后凭发票等有关凭证报销。出纳员及时将报销金额补足备用金，从而保证该部门或工作人员的备用金经常保持在核定的数额。只有等到撤销定额备用金或调换经办人时才全部交回备用金。

实行定额备用金的单位，其内部部门或有关工作人员使用备用金购买货物的，应将所购买的货物交由仓管员验收入库，凭验收入库单和发票到财务部门报销。用于其他开支的，凭发票或其他原始凭证到财务部门报销。

有关部门或工作人员报销时，应由会计人员编制现金付款凭证，然后由出纳员依据付款凭证将报销的金额用现金补给报销的部门或工作人员。这样报销后，有关部门或工作人员手中的现金又达到了核定的限额。

🔍【实例1】▶▶▶

定额备用金的处理

某公司维修部实行定额备用金制度，金额为3 000元。5月15日该部门用现金1 800元购买零配件后，备用金只剩下1 200元。次日维修部到财务部报销，由会计人员编制付款凭证，出纳员补给现金1 800元，这样维修部的备用金又达到了3 000元，其会计分录为，

借：管理费用　　　　　　　　　　　　　　　　　　　1 800
　　贷：库存现金　　　　　　　　　　　　　　　　　　1 800

如果5月15日维修部购买零配件实际支付了3 500元，由经办人员垫付现金500元，则5月16日报销时，出纳员应支付的现金就是3 500元，维修部在支付给经办人员垫付款500元后又恢复到3 000元的备用金。

（2）非定额备用金

非定额备用金是指单位根据非经常使用备用金的内部各部门或工作人员每次业务所需备用金的数额填制借款凭证，由内部部门或工作人员先向出纳员预借现金，然后凭发票等原始凭证一次性到财务部门报销，多退少补，一次结清，下次再用时重新办理领借手续。

报销时由财务部门编制转账凭证，其借方科目与定额备用金报销时相同，其贷方科目为"其他应收款"。对于实际支出额小于预借金额的，应编制现金收款凭证，收回多借的现金；对于实际支出大于预借金额的，应编制现金付款凭证，补给经办人员垫付的款项。

🔍 【实例2】 ▸▸▸

非定额备用金的处理

某公司对行政部采用非定额备用金制度，行政部为购买办公用品预借备用金5 000元，预借时，财务部门根据借款凭证编制现金付款凭证，会计分录为，

借：其他应收款——备用金（行政部）　　　　　　　　5 000

贷：库存现金　　　　　　　　　　　　　　　　　　　　5 000

行政部购买3 500元办公用品后凭发票和验收入库单到财务部门报销，交回多余现金1 500元，财务部门编制转账凭证，会计分录为，

借：管理费用　　　　　　　　　　　　　　　　　　　3 500

库存现金　　　　　　　　　　　　　　　　　　　1 500

贷：其他应收款——备用金（行政部）　　　　　　5 000

出纳员收回多借的未用现金1 500元。

如果行政部实际购买办公用品5 300元，自己垫付了300元，则在报销时由财务部门按规定编制转账凭证，会计分录为，

借：管理费用　　　　　　　　　　　　　　　　　　　5 300

贷：其他应收款——备用金（行政部）　　　　　　5 000

库存现金　　　　　　　　　　　　　　　　　　300

出纳员支付给行政部现金300元，用于退还行政部经办人员垫付的现金。

3.4.3　备用金保管

（1）备用金收支应设置"备用金"账户，并编制"收支日报表"送财务部。

（2）定期根据取得的发票编制"备用金支出一览表"，及时反映备用金支出情况。

（3）备用金账户应做到逐月结清。

（4）出纳员应妥善保管与备用金相关的各种票据。

3.5　现金清点与清查

每到月末，出纳员都要对现金及现金账户进行清点与清查，遇到账实不符的情况，要查明原因，妥善处理。

3.5.1　每日清点现金数量

现金的清点通常是先整理后清点。

（1）按券别分类平摊整理。人民币有主币、辅币和纸币、硬币之分。因此，要先按不同的票面进行整理。整理时，票面要平铺开来，有折角的要展开。损伤券要挑出来，断裂的要用纸粘好，不能用大头针、回形针或钉书钉轧钉。

（2）由大到小按一定的要求（如好、烂版别等分开）清点张（枚）数。第一遍清点为粗点，还要进行再次清点即复点。复点核对无误后，将清点完的票币进行捆扎，如为纸币，按100张为一把、10把为一捆进行捆扎。如为硬币，则按100枚（也可按50枚）为一卷进行包扎。不够把（卷）的为零张（枚），应把好、烂票分开，由小到大捆扎在一起，烂票要放在好票上面。

（3）把整理清点好的捆、把、零张，按券别分别归拢好，然后统计、核对金额。

3.5.2　现金清查

现金清查是指对库存现金的盘点与核对，包括出纳员每日终了前进行的现金账款核对和清查小组进行的定期和不定期现金盘点、核对。

3.5.2.1　出纳员每日终了前进行的现金账款核对

出纳员应按券别分别清点数量，然后加总，得出当日现金的实存数。再将盘存得出的实存数和账面余额进行核对，看两者是否相符。

如发现有长款或短款，应进一步查明原因，及时进行处理。

（1）长款

如果长款是记账错误、单据丢失等造成的，应及时更正错账或补办手续。如果是少付他人造成的，则应退还原主；确实无法退还的，经过一定审批手续可以作为单位的收益。

（2）短款

如查明短款是记账错误造成的，应及时更正错账；如果是出纳员工作疏忽造成的，按规定一般应由过失人赔偿。

3.5.2.2　清查小组的现金盘点、核对

（1）现金清查的方法

现金清查一般采用实地盘点法。

（2）清查的内容

清查的内容主要包括是否有挪用现金、白条顶库、超限额留存现金等情况，账款是

否相符等。

（3）现金清查的步骤

① 由出纳员将已办妥现金收付手续的收付款凭证登入现金日记账，并结出现金余额。

② 审阅现金日记账并同时与现金收付款凭证相核对。

③ 盘点保险柜的现金实存数，同时编制"库存现金盘点表"（见表3-5），分币种、面值列示盘点金额。

表3-5　库存现金盘点表

单位：　　　　　　　　　　　　　　　　　　　　盘点日期：

票面额	张数	金额	票面额	张数	金额
壹佰元			伍角		
伍拾元			壹角		
贰拾元					
拾元					
伍元					
壹元			合计		
加：收入凭证未记账					
减：付出凭证未记账					
加：跨日收入					
加：跨日借条					
调整后实际账面余额					
现金日记账账面余额					
差额					
处理意见：					

部长：　　　　　　　　监盘人员：　　　　　　　　出纳员：

④ 将盘点金额与现金日记账余额进行核对，如有差异，应查明原因，并作出适当调整。

对于现金清查的结果，应编制"库存现金盘点报告单"（见图3-10），注明现金溢缺的金额，并由出纳员和盘点人员签字盖章。

（4）盘点现金应注意的事项

清查小组在盘点现金时，应注意图3-11所示事项。

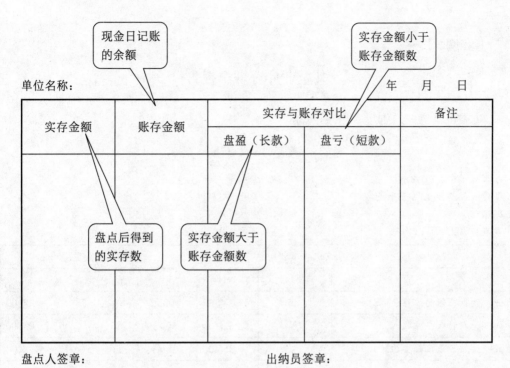

图 3-10 库存现金盘点报告单

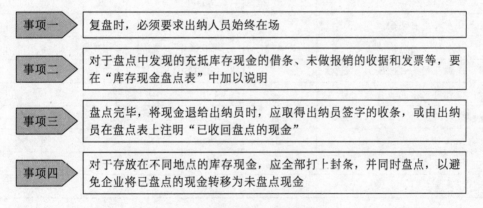

图 3-11 盘点现金的注意事项

（5）盘点结果的处理

如果有挪用现金、白条顶库的情况，应及时予以纠正；对于超限额留存的现金，要及时送存银行；如果账款不符，应及时查明原因，并将短款或长款记入"待处理财产损益"科目。

查明账款不符的原因后，应分情况处理：属于记账差错的，应及时予以更正；对无法查明原因的长款，应记入"营业外收入"科目；对无法查明原因或因出纳员失职造成的短款，应由出纳员赔偿。

🔍 【实例3】 ▶▶▶

某企业库存现金报告

某企业库存现金报告如下表所示。

库存现金盘点表

被审计单位：NL公司　　　　　　　　　　索引号：××
项目：库存现金财务报表　　　　　　　　截止日/期间：2021.12.31
编制：××　　　　　　　　　　　　　　复核：××
日期：2022.01.15　　　　　　　　　　　日期：2022.01.15

检查盘点记录			实有库存现金盘点		
项　　目	项次	金额	货币面额	张数	金额
一、盘点日账面库存余额	1	1 244.50	100元	9	900.00
加：盘点日未记账收入	2	2 520.00	50元	15	750.00
减：盘点日未记账支出	3	356.00	10元	20	200.00
盘点日账面库存现金	4=1+2-3	3 408.50	5元	50	250.00
二、盘点日库存现金	5	2 208.50	2元	40	80.00
加：白条抵现金	6	1 200.00	1元	20	20.00
盘点日实际库存现金	7=5+6	3 408.5	5角	10	5.00
三、盘点日应存、实存差额	8=4-7	0.00	2角	10	2.00
四、追溯至报表日账面结存现金	9	1 981.32	1角	15	1.50
加：报表日至盘点日支出现金	10	3 431.82	实盘合计		2 208.50
减：报表日至盘点日收入现金	11	5 476.00	盘点日期		2022年1月15日
五、报表日库存现金	12=4+10-11	1 364.32	盘点人		陈××
六、报表日实存现金	13=7+10-11	1 364.32	出纳人员		蔡××
七、报表日应存、实存现金差额	14=12-13	0.00	会计主管		林××

该单位现金管理的说明：盘点日账面库存现金与盘点日实际库存现金一致；报表日应存现与报表日实存现金一致，说明NL公司现金管理状况良好。但NL公司在现金支付时没有按现金管理制度履行现金报销手续，对两张支出手续不完备的付款凭证给予报销，存在白条抵现的情况。

清查意见：白条抵现应予以纠正，不得报销。建议公司严格遵守现金核算制度，出纳员应根据手续完备的凭证进行付款，并序时登记现金日记账；每日应结出现金日记账余额，并与库存现金进行核对，发现差异，及时查找。公司财务部门应建立对现金进行定期或不定期盘点的财务制度，对出纳员的现金管理情况进行监督。

学习笔记

　　请对本章的学习做一个小结，将你认为的重点事项和不懂事项分别列出来，以便于自己进一步学习与提升。

本章重点事项
1. _____
2. _____
3. _____
4. _____
5. _____
本章不懂事项
1. _____
2. _____
3. _____
4. _____
5. _____
个人心得
1. _____
2. _____
3. _____
4. _____
5. _____

第4章
银行结算业务操作实务

学习目标：

1.了解签发支票的要求及电子支票的知识，掌握收到支票、签发支票、支票结算方式下银行退票、支票挂失、支票背书及避免空头支票等业务的处理要求、方法。

2.掌握银行汇票各项业务——申请、签发、受理、背书、退款等的操作要求、程序和方法。

3.了解银行本票的结算程序、分类、结算规定，掌握银行本票业务——办理、收受、背书转让等的操作要求、程序和方法。

4.了解商业汇票的分类、商业汇票的使用原则、商业汇票的流转程序、电子商业汇票的知识，掌握商业汇票签发、贴现的操作要求、程序和方法。

5.掌握托收承付结算——托收、承付、异地托收承付结算的程序，异地托收承付的管理方法。

6.了解委托收款结算的基本程序，掌握托收、付款、拒付及核算、委托收款结算方式下无款支付等业务的操作步骤、要求、方法。

7.了解汇兑结算的程序、汇兑的方式，掌握汇兑、汇兑结算方式下退汇的操作步骤、要求、方法。

8.了解微信、支付宝结算的有关知识，掌握微信、支付宝结算业务的操作程序及账务处理。

4.1 支票结算

支票是出票人签发的,委托办理支票存款业务的银行在见票时无条件支付确定的金额给收款人或持票人的票据。

4.1.1 签发支票的要求

支票分为现金支票和转账支票两种。签发支票应注意以下问题。

4.1.1.1 要严格做到"九不准"

(1)不准更改签发日期。

(2)不准更改收款人名称。

(3)不准更改大小写金额。按照《中华人民共和国票据法》的规定,支票的金额、日期、收款人名称如更改,即成为无效票据。

(4)不准签发空头支票,即签发超过银行存款账户余额的支票。

(5)不准签发远期支票。

(6)不准签发空白支票。空白支票即事先盖好印章的支票。空白支票遗失后将造成巨大的经济损失。

(7)不准签发有缺陷的支票。

 相关链接 ‹∙∙

有缺陷的支票

具有以下情况的支票为有缺陷的支票。

(1)印鉴不符,即支票上的印章与银行预留印鉴不符,或是支票上的印章盖得不全。银行审查出印鉴不符时,除将支票作废退回外,还要按票面金额处以5%但不低于1 000元的罚款。

(2)戳记用印油而不用印泥,或印章字迹模糊不清的支票。

(3)污损支票,即票面破碎、污损,无法辨认或字迹不清的支票。

(4)账号户名不符,或户名简写的支票。

(5)更改处未盖预留印鉴的支票。

(6)付款单位已清户的支票。

（7）未填写用途或所填用途不当的支票。

（8）未用规定的碳素墨水或签字笔书写的支票。

（9）购买未经批准的专控商品的支票。

（10）非本行的支票。

（8）不准签发虚假用途的支票。签发用途不真实的支票，属套取银行信用行为，银行一经发现，即按违反结算制度给予经济处罚。

（9）不准将盖好印鉴的支票让他人代为签发，以防形成空头支票，造成经济损失。

4.1.1.2　要做到要素齐全、内容真实、数字准确、字迹清晰

（1）支票要按顺序编号连续签发，不得跳号。

（2）日期中的年份要写完整，不得简写，如2018年不得写成18年。

（3）收款人必须写全称，不得写简称，防止户名不符，形成退票。

（4）签发人开户银行名称用刻好的银行小条章（向银行购买支票时盖好）加盖清楚，不要手写（银行会计规范化管理要求）。

（5）签发人对本单位账号的填写，最好也用小条章。

（6）日期、收款人、大小写金额要准确填写，防止形成无效支票。

（7）其他更改的地方要加盖预留印鉴，使用印泥。

（8）由于现行支票上没有付款单位名称栏目，必须使用预留在银行的印鉴，所以印章一定要清楚。

（9）不得用蓝墨水填写。

总之，要遵照银行的规定，不可自以为是。

4.1.2　收到支票的处理

4.1.2.1　收到现金支票

（1）现金支票的种类

现金支票有两种：一种是印有"现金"字样的现金支票（见图4-1），现金支票只能用于支取现金；另一种是未印有"现金"或"转账"字样的普通支票，普通支票可以用于支取现金，也可以用于转账。各单位使用现金支票或普通支票（以下均称现金支票）时，必须按《现金管理暂行条例》中的现金使用范围及有关要求办理。

（2）收到现金支票的处理

出纳员收到的若是现金支票，而且收款人处没有写名字，那么可以在收款人栏填写

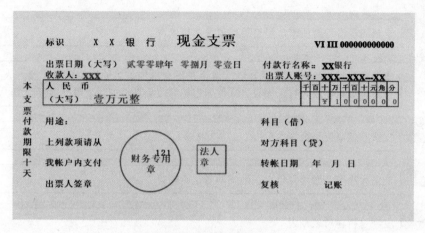

图4-1 现金支票

取现人的名字（自己或授权的其他人），同时在现金支票的背后填写取现人的姓名及身份证号码，然后到付款人的开户银行去提取现金。不过提现时不能如实填写货款，要写上其他的现金项目如备用金等，否则银行不予支付现金。

提醒您

现金支票是用来提取现金的，只有需要用现金支付的款项才填写现金支票，货款的结算应该转账才对。

4.1.2.2 收到转账支票

当企业不用现金支付收款人的款项时，可签发转账支票（见图4-2），然后到开户银行或将转账支票交给收款人由其到开户银行办理款项支付手续。

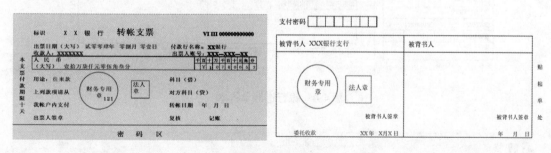

图4-2 转账支票

（1）审查支票

出纳员收到付款单位交来的转账支票后，首先应对支票进行审查，以免收进假支票或无效支票。对转账支票的审查应包括图4-3所示的内容。

1	支票的填写是否清晰，是否用碳素墨水笔填写
2	支票的各项内容是否填写齐全，是否在签发单位盖章处加盖单位印鉴，大小写金额和收款人有无涂改，其他内容如有改动是否加盖了银行预留印鉴
3	支票收款单位是否为本单位
4	支票大小写金额填写是否正确，两者是否相符
5	支票是否在付款期内
6	背书转让的支票其背书是否正确，是否连续

图4-3　对转账支票的审查内容

（2）办理进账

转账支票审核完毕，出纳员应在支票背面的被背书栏内加盖本单位财务专用章和法人章（银行预留印鉴），并填写一式两联进账单，连同支票一并送交其开户银行。开户银行审核无误后即可在进账单第一联上加盖"转讫"章并退回收款单位。收款单位根据银行盖章退回的进账单第一联编制银行存款收款凭证，其票样如图4-4所示。

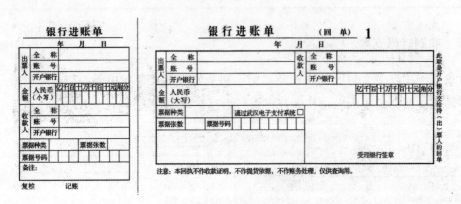

图4-4　银行进账单样本

> **提醒您**
>
> 　　若转账支票背面的印章盖模糊了（票据法规定是不能以重新盖章的方法来补救的），收款单位可带转账支票及银行进账单到出票单位的开户银行办理收款手续（不用付手续费），俗称"倒打"，这样就不用出票单位重新开支票了。

【实例1】▶▶

收到转账支票的处理

某公司收到其客户交来的9 280元转账支票后，进行认真审查，审查无误后填制进账单，连同支票一并送开户银行，并根据开户银行盖章退回的进账单第一联编制银行存款收款凭证，其会计分录为，

借：银行存款　　　　　　　　　　　　　　　　9 280

贷：主营业务收入　　　　　　　　　　　　　8 000

应交税费——应交增值税（销项税额）　　1 280

4.1.3　签发支票

4.1.3.1　签发支票的要求

（1）必须写明收款单位名称或收款人姓名，并只准收款方或签发单位持票向银行提取现金或办理转账结算，不得将现金支票用于流通。

（2）首先必须查验银行存款是否有足够的余额，签发的支票金额必须在银行存款账户余额以内，不准超出银行存款账户余额签发空头支票。对于签发的空头支票或印章与银行预留印鉴不符的支票，银行除退票外还要按票面金额处以5%但不低于1 000元的罚款。持票人有权要求出票人赔偿支票金额2%的赔偿金。对屡次签发空白支票的单位，银行可根据情节给予警告、通报批评，直至其停止向收款人签发支票。

（3）签发现金支票不得低于银行规定的金额起点，起点以下的款项用库存现金支付。支票金额起点为100元，但结清账户时，可不受其起点限制。

（4）要严格执行支票有效期限的规定。支票付款的有效期限为10天。有效期限从签发支票的次日算起，如遇到节假日到期日可顺延。过期支票作废，银行不予受理。签发支票必须填写当日日期，不得签发远期支票。

（5）支票的持票人应当自出票日起10日内提示付款，异地使用的支票，其提示付款的期限由中国人民银行另行规定。超过提示付款期限的，付款人可以不予付款。

4.1.3.2　支票的填写内容及要求

出纳员应按规定认真填写支票中的有关栏目。支票的填写内容及要求如表4-1所示。

表4-1　支票的填写内容及要求

序号	填写内容	具体要求
1	出票的日期（大写）	数字规定必须大写，数字大写的写法是零、壹、贰、叁、肆、伍、陆、柒、捌、玖、拾。例如，2021年1月1日：贰零贰壹年零壹月零壹日；2019年4月15日：贰零壹玖年零肆月壹拾伍日 （1）壹月、贰月前的"零"字必写，叁月至玖月前的"零"字可写可不写。拾月至拾贰月必须写成壹拾月、壹拾壹月、壹拾贰月（前面多写"零"字也可以，如零壹拾月） （2）壹日至玖日前的"零"字必写，拾日至拾玖日必须写成壹拾日及壹拾玖日（前面多写"零"字也认可，如零壹拾伍日，下同），贰拾日至贰拾玖日必须写成贰拾日……贰拾玖日，叁拾日至叁拾壹日必须写成叁拾日及叁拾壹日
2	付款行名称、出票人账号	即本单位开户银行名称及银行账号（账号是小写的阿拉伯数字）。现在有的银行已经在支票上打印了本单位开户银行名称及银行账号，这种情况下就可不必填写
3	收款人	（1）现金支票收款人可以写成本单位名称，这时应在现金支票背面"被背书人"栏内加盖本单位的财务专用章和法人章，之后收款人可凭现金支票直接到开户银行领取现金 （2）现金支票收款人可写成收款人个人姓名，此时现金支票背面不盖任何章，收款人应在现金支票背面填上身份证号码和发证机关名称，凭身份证和现金支票签字领款 （3）转账支票收款人应填写对方单位名称。转账支票背面不盖本单位章。收款单位取得转账支票后，在支票背面"被背书"栏内加盖收款单位财务专用章和法人章，填写好银行进账单后连同该支票交给收款单位的开户银行，委托银行收款
4	人民币（大写）	大写数字的写法是零、壹、贰、叁、肆、伍、陆、柒、捌、玖、亿、万、仟、佰、拾。支票填写需要注意"万"字不带单人旁
5	用途	（1）现金支票有一定限制，一般填写"备用金""差旅费""工资""劳务费"等 （2）转账支票没有具体规定，可填写"货款""代理费"等
6	人民币（小写）	最高金额的前一位空白格应填写"¥"符号，数字填写要求完整清楚。出纳员填写的支票必须要素齐全、内容真实、数字正确、字迹清晰，不潦草、不错漏，做到标准、规范，防止涂改

提醒您

签发支票应使用碳素墨水笔填写，未按规定填写，被涂改冒领的，由签发人负责。支票日期、大小写金额和收款人不得更改。其他内容如有更改，必须由签发人加盖银行预留印鉴。

支票如果写错不能再用，一定要写上"作废"二字，其票样如图4-5所示。

图4-5 支票作废的票样

4.1.3.3 盖上银行预留印鉴章

支票正面应盖财务专用章和法人章（银行预留印鉴章），两者缺一不可，印泥为红色，印章必须清晰。印章模糊的，只能将本张支票作废，换一张支票重新填写重新盖章。

如果企业开的现金支票不给客户，而是由自己去提取现金，提现前应在背面背书的地方都盖上银行预留印鉴章。

> **提醒您**
>
> （1）支票正面不能有涂改的痕迹，否则本支票作废。
>
> （2）受票人如果发现支票填写不全，可以补记，但不能涂改。
>
> （3）支票付款期限为10天，就是说从支票开票日开始到第10天这段时间，企业要到银行柜台转账或者支取现金，如果超过了10天，此张支票无效。

4.1.3.4 签发转账支票并划拨款项

付款单位签发支票直接送开户银行办理款项划拨的，出纳员应填制一式两联进账单，在进账单上，本单位为付款人，对方单位为收款人。填制完后连同转账支票一并送本单位开户银行。银行接到转账支票和进账单后按规定进行审查，审查无误后在支票和两联进账单上加盖"转讫"章，并将进账单第一联作为收账通知送收款单位，收款单位根据银行转来的进账单第一联编制银行存款收款凭证。

4.1.4　支票结算方式下银行退票的处理

按照规定，银行对于签发人或收款人提交的现金支票和转账支票必须进行严格的审查，对于付款单位存款数额不足以支付票款（空头支票）或者支票填写不合规定等情况，银行将按规定予以退票。

所谓退票就是指银行认为该支票的款项不能进入收款人账户而将支票退回。银行将出具退票理由书，连同支票和进账单一起退给签发人或收款人。

收款人收到银行退回的支票后，应立即与付款人进行联系，并作出相应的账务处理。

🔍【实例2】▶▶

转账支票银行退票的处理

6月15日，某公司收到客户交来的 8 500 元转账支票后，进行认真审查，审查无误后填制进账单，连同支票一并送开户银行，并根据开户银行盖章退回的进账单第一联编制银行存款收款凭证。6月16日，该公司收到银行的退票，理由是对方账户存款不足。对此，出纳员在与客户进行交涉的同时，编制会计分录为，

　　借：应收账款　　　　　　　　　　　　　　　　　　　8 500
　　　　贷：银行存款　　　　　　　　　　　　　　　　　　8 500

如果银行退票是因为签发人签发了空头支票，或者支票签发不规范，比如缺乏印鉴、缺乏密码、账号错误、密码错误、印鉴不符、账户不符等，银行将按规定对签发人给予处罚。付款人据此应编制银行存款付款凭证。

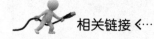　相关链接 ‹⋯⋯⋯⋯⋯⋯⋯⋯⋯⋯⋯⋯⋯⋯⋯⋯⋯⋯⋯⋯⋯⋯

银行退票的原因

退票一般是由以下原因引起的，所以，出纳员应认真开具支票，并按下述原因逐项检查，以免出现退票。

（1）出票人存款不足。

（2）超过出票人的放款批准额度或经费限额。

（3）非用墨汁或碳素墨水笔填写。

（4）金额大小写不全、不清楚、不规范、不一致。

（5）未填写款项用途或用途填写不明。

（6）按照国家规定不能支付或超范围支付的款项。

（7）未填写收款单位或收款人，错填收款单位或收款人。

（8）已过有效期限。

（9）非即期支票。

（10）支票印鉴不清、不全、空白或不符。

（11）支票内容涂改。

（12）支票皱褶、变形、污损。

（13）出票人已撤销此银行账户。

（14）出票人已申请挂失止付。

（15）非该出票人领用此支票。

4.1.5　怎样办理支票挂失

已经签发的普通支票和现金支票，如遗失或被盗，企业应立即向银行申请挂失。

（1）出票人已经签发的、内容齐备的、可以直接支取现金的支票遗失或被盗的，应当出具公函或有关证明，填写两联挂失申请书（可以用进账单代替），加盖预留银行的签名式样和印鉴，向开户银行申请挂失止付。银行查明该支票确未支付的，经收取一定的挂失手续费后受理挂失，并在挂失人账户中用红笔注明支票号码及挂失的日期。

关于丢失现金支票请予挂失的申请

中国银行××办事处：

　　我公司于今日上午开出现金支票一张，号码为00642389，收款人为李××（我公司职工），金额为××××元，是差旅费借款。在公共汽车上李××的钱包与上述现金支票一起被扒窃，故申请挂失。挂失前由此引起的全部责任由我公司承担，与银行无关，请予以协助为谢。

××××公司

××××年×月×日

（2）收款人收受的、可以直接支取现金的支票遗失或被盗等，企业也应当出具公函或有关证明，填写两联挂失止付申请书，经付款人签章证明后，到收款人开户银行申请挂失止付。其他有关手续同上。

根据《中华人民共和国票据法》的相关规定："失票人应当在通知挂失止付后3日内，也可以在票据丧失后，依法向人民法院申请公示催告，或者向人民法院提起诉讼。"即可以背书转让的票据的持票人在票据被盗、遗失或灭失时，须以书面形式向票据支付地（即付款地）的基层人民法院提出公示催告申请。失票人向人民法院提交的申请书上，应写明票据类别、票面金额、出票人、付款人、背书人等票据主要内容，并说明票据丧失的情形，同时提出有关证据，以证明自己确属丧失的票据的持票人，有权提出申请。

4.1.6　要避免空头支票

避免空头支票，一方面要防止自己开出空头支票，另一方面要避免收到空头支票和无效支票，具体说明如图4-6所示。

要点一 ▶ **避免签发空头支票**

> 出纳员要定期与开户银行核对往来账，了解未达账项情况，准确掌握和控制其银行存款余额，为合理地安排生产经营等各项业务提供决策信息

要点二 ▶ **避免收到空头支票和无效支票**

> 出纳员应严格遵守收受支票的审查制度。为防止发生诈骗和冒领，收款单位一般规定必须在收到支票×天（如3天、5天）后才能发货，以便有足够的时间将收到的支票提交银行，办妥收账手续。遇节假日应推后发货时间，以防不法分子利用节假日银行休息无法办理收款手续进行诈骗

图4-6　避免空头支票的要点

4.1.7　支票的背书

出纳员在收到一张支票的时候，如果发现支票只有出票日期、金额的大小写和出票单位的财务章和法人印章，收款人栏没有填写相关内容，可以先不要填写，而应把支票放在不容易皱褶的地方保管好。如果支票的收款人已经填写，而企业又想把支票转让给别的单位委托收款的话，那就必须要背书了，不背书钱是转不出来的。

（1）背书的要求

支票背面的第一次被背书人处，应该填写正面收款人单位的名称。比如说，支票正面的收款人是某某设备有限公司，那么这张支票第一次背书的被背书人就是某某设备有限公司。写完被背书人，接下来就要盖上被背书人单位的财务章以及法人章。

如果第二次背书的话，就要填写被背书人的收款人，并盖上财务章和法人章。

如果还有第三、第四次背书的，依此类推。

上述所说的财务章和法人章务必清晰可见，不得有任何模糊和重影，如果模糊不清，银行是不受理的。

现金支票也是可以背书的，但现金支票不能转让。现金支票要求出票人与收款人、背书人为同一人。支票背面有背书栏（在支票背面的右边），要加盖银行预留印鉴，尽量别盖出格，也别盖在右边的附加信息栏里。

（2）背书连续

已背书转让的支票，背书应当连续。背书连续是指银行支票第一次背书转让的背书人是票据上记载的收款人，前次背书转让的被背书人是后一次背书转让的背书人，依次前后衔接，最后一次背书转让的被背书人是票据的最后持票人。

支票背书人的错误常引起背书不连续的情形，如图4-7所示。

情形一	将被背书人名称写错或写得太简单

一种是将被背书人名称写成了支票背书人名称，成了背书人自己对自己转让；另一种是被背书人名称写得过于简单。企业和银行的名称应当记载全称或者规范化简称。银行在受理票据时，尤其在支票兑现时，原则上要求企业填写单位全称，而企业却主观臆断，随意填写企业简称或者企业在本地的习惯性简称。这些都造成了票据背书不连续

情形二	支票背书日期错误

支票背书日期为任意记载事项，既可以记载，也可以不记载。但是，一些企业在记载背书日期时，出现了不合逻辑的情况。如后手背书人记载的背书日期在前手背书人的背书日期之前，出现明显的逻辑错误，造成背书不连续

情形三	银行支票兑现粘单使用错误

票据凭证不能满足背书人记载事项的需要，可以加附粘单，粘附于票据凭证上。粘单上的第一记载人，应当在汇票和粘单的粘接处签章。时常出现粘单上的第一记载人没有签章，而是粘单上第一记载人的前手的签章，造成银行支票背书不连续

图4-7 支票背书人的错误情形

4.1.8 电子支票

电子支票是纸质支票的电子替代物，电子支票将纸质支票改为带有数字签名的电子报文，或利用其他数字电文代替纸质支票的全部信息。电子支票与纸质支票一样，都是用于支付的合法方式，它利用数字签名和自动验证技术来确定其合法性。支票上除了必需的收款人姓名、账号、金额和日期外，还隐含了加密信息。电子支票的作业流程如图4-8所示。

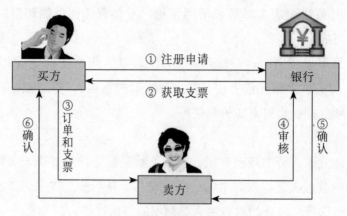

图4-8 电子支票的作业流程

4.1.8.1 电子支票的优势

（1）电子支票可为新型的在线服务提供便利。它支持新的结算流；可以自动证实交易各方的数字签名；增强每个交易环节的安全性；与基于EDI的电子订货集成来实现结算业务的自动化。

（2）电子支票的运作方式与传统支票相同，简化了顾客的学习过程。电子支票保留了纸制支票的基本特征和灵活性，又比纸制支票的功能强大，因而易于理解，能迅速得到采用。

（3）电子支票非常适合大额结算；电子支票的加密技术使其比基于非对称的系统更容易处理。收款人和收款人银行、付款人银行能够用公钥证书证明支票的真实性。

（4）电子支票可为企业市场提供服务。企业运用电子支票在网上进行结算，比其他方法更易于降低成本；由于支票内容可附在贸易伙伴的汇款信息上，电子支票还可以方便地与EDI应用集成起来。

（5）电子支票要求建立准备金，而准备金是商务活动的一项重要要求。第三方账户服务器可以通过向买方或卖方收取交易费来赚钱。它也能够起到银行作用，提供存款账户并从中赚钱。

（6）电子支票要求把公共网络同金融结算网络连接起来，这就充分发挥了现有金融结算基础设施和公共网络的作用。

4.1.8.2　如何鉴定电子支票及电子支票使用者的真伪

电子支票需要有一个专门的验证机构来对其作出认证，同时，该验证机构还应像CA那样能够对商家的身份和资信进行认证。

4.1.8.3　电子支票交易的过程

电子支票交易的过程可以分以下几个步骤。

（1）消费者和商家达成购销协议，并选择用电子支票支付。

（2）消费者通过网络向商家发出电子支票，同时向银行发出付款通知单。

（3）商家通过验证中心对消费者提供的电子支票进行验证，验证无误后将电子支票送交银行索付。

（4）银行在商家索付时通过验证中心对消费者提供的电子支票进行验证，验证无误后即向商家兑付或转账。

4.2　银行汇票业务处理

银行汇票是指汇款单位或个人将款项交存银行，由银行签发汇票给收款单位或个人持往外地办理转账或支取现金的结算凭证，如图4-9所示。

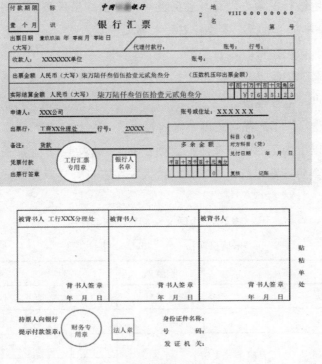

图4-9　银行汇票

4.2.1　怎样申请银行汇票

4.2.1.1　内部申请

单位内部供应部门或其他业务部门因业务需要使用银行汇票时，应填写"银行汇票请领单"（见表4-2），具体说明领用银行汇票的部门、经办人、汇款用途、收款单位名称、开户银行、账号等，由请领人签章，并经单位领导审批同意后，由出纳员具体办理银行汇票手续。

表4-2　银行汇票请领单

请领日期：　　　年　　月　　日

收款单位				
开户银行		账号		
汇款用途				
汇款金额	人民币（大写）		¥	
部门负责人意见：	单位领导审批意见：		请领人签章：	

4.2.1.2　向签发银行提交"银行汇票委托书"

凡是要求使用银行汇票办理结算业务的单位，出纳员应按规定向签发银行提交"银行汇票委托书"，并在"银行汇票委托书"上逐项写明：

（1）汇款人名称和账号。

（2）收款人名称和账号。

（3）兑付地点、汇款金额。

（4）汇款用途（军工产品可免填）等内容。

出纳员写好以上内容后，应在"汇票委托书"（见表4-3）上加盖汇款人预留银行的印鉴，由银行审查后签发银行汇票。如汇款人未在银行开立存款账户，则可以交存现金办理汇票。

表4-3　中国××银行汇票委托书

申请日期：　　　年　　月　　日

申请人		收款人										
账号或住址		账号或住址										
用途		代理付款行										
汇票金额	人民币（大写）		千	百	十	万	千	百	十	元	角	分

续表

备注	科目（贷） 对方科目（借） 转账日期：　　年　　月　　日 复核：　　　　记账：　　　　出纳：

4.2.1.3　注意事项

（1）汇款人办理银行汇票，能确定收款人的，应详细填明单位、个体经济户名称或个人姓名。确定不了的，应填写汇款人指定人员的姓名。

（2）交存现金办理的汇票，需要在汇入银行支取现金的，应在汇票委托书"汇款金额"大写栏内先填写"现金"字样，然后填写汇款金额。这样，银行可签发现金汇票，以便汇款人在兑付银行支取现金。企事业单位办理的汇票，需要在兑付银行支取现金的，由兑付银行按照现金管理有关规定审查后支付现金。

4.2.2　怎样签发银行汇票

（1）银行签发

签发银行受理"银行汇票委托书"，并验对"银行汇票委托书"的内容和印鉴，在办妥转账或收妥现金之后，即可向汇款人签发转账或支取现金的银行汇票。个体经济户和个人需要支取现金的，在汇票"汇款金额"栏先填写"现金"字样，然后填写汇款金额，再加盖印章并用压数机压印汇款金额，将汇票和解讫通知交汇款人。

银行汇票的主要内容与支票基本一致，所不同的是上面有表明"银行汇票"的字样，并且有收款人名称，其票样如图4-10所示。

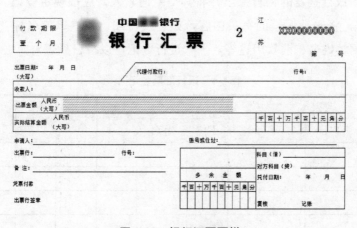

图4-10　银行汇票票样

（2）出纳编制付款凭证

汇款企业出纳员收到签发银行签发的"银行汇票联"和"解讫通知联"后，根据银行盖章退回的"银行汇票委托书"第一联存根联编制银行存款付款凭证。

🔍【实例3】▶▶▶

签发银行汇票的账务处理

某公司需要到深圳市采购商品，8月10日向开户银行申请用银行存款办理转账汇票100 000元。根据银行退回的"银行汇票委托书"存根联编制银行存款付款凭证，其会计分录为，

借：其他货币资金——银行汇票　　　　　　　　　　　　100 000

贷：银行存款　　　　　　　　　　　　　　　　　　　100 000

如果汇款单位用现金办理银行汇票，则出纳员在收到银行签发的银行汇票后根据"银行汇票委托书"第一联存根联编制现金付款凭证，其会计分录为，

借：其他货币资金——银行汇票

贷：库存现金

对于银行按规定收取的手续费和邮电费，汇款单位根据银行出具的收费收据，用现金支付的，编制现金付款凭证。从其账户中扣收的，编制银行存款付款凭证，其会计分录为，

借：财务费用

贷：库存现金（或银行存款）

（3）将汇票交与请领人并登记

出纳员收到银行签发的银行汇票并将其交给请领人，应按规定登记"银行汇票登记簿"（见表4-4），将银行汇票的有关内容，如签发日期、收款单位名称、开户银行、账号、持票人部门、姓名、汇款用途等，一一进行登记，以备日后查对。

表4-4　银行汇票登记簿

日期	收款人			持票人		汇款用途	汇款金额	使用日期	实际结算金额	退回多余款
	名称	开户行	账号	部门	姓名					

4.2.3 怎样受理银行汇票

4.2.3.1 认真审查

收款单位出纳员受理银行汇票时，应该认真审查，审查的内容主要包括：

（1）收款人或背书人是否确为本单位。

（2）银行汇票是否在付款期内，日期、金额等填写是否正确无误。

（3）印章是否清晰，压数机压印的金额是否清晰。

（4）银行汇票和解讫通知是否齐全、相符。

（5）汇款人或背书人的证明或证件是否无误，背书人证件上的姓名与其背书是否相符。

4.2.3.2 办理结算

出纳员审查无误后，在汇款金额以内，根据实际需要的款项办理结算，并将实际结算金额和多余金额准确、清晰地填入银行汇票和解讫通知的有关栏内。

> **提醒您**
>
> 实际结算金额和多余金额如果填错，应用红线画去全数，在上方重填正确数字并加盖本单位印章，但只限更改一次。

银行汇票的多余金额由签发银行退交汇款人。全额解付的银行汇票，应在"多余金额"栏写上符号"0"。

填写完结算金额和多余金额后，收款人或被背书人将银行汇票和解讫通知同时提交兑付银行，缺少任何一联均为无效，银行将不予受理。

在银行开立账户的收款人或被背书人受理银行汇票后，在汇票背面加盖银行预留印鉴，连同解讫通知和两联进账单送交开户银行办理转账。

将"银行汇票联""解讫通知联"和进账单送开户银行办理收账手续后，出纳员根据银行退回的进账单第一联（收账通知）所列实际结算金额和发票存根联等原始凭证，编制银行存款收款凭证，其会计分录为，

借：银行存款

贷：主营业务收入等

4.2.3.3 注意事项

（1）未在银行开立账户的收款单位持银行汇票向银行办理收款时，必须交验兑付地有关单位足以证实收款人身份的证明，在银行汇票背面盖章或签字，注明证件名称、号码及发证机关，才能办理有关结算手续。

（2）收款单位支取现金的，银行汇票上有签发银行按规定填明的"现金"字样才能办理；未填明"现金"字样需要支取现金的，按支取现金的有关规定经银行审查同意后办理。

4.2.4 怎样办理银行汇票的背书

背书是指汇票持有人将票据权利转让他人的一种票据行为。其中所谓的票据权利是指票据持有人向票据债务人（主要是指票据的承兑人，有时也指票据的发票人、保证人和背书人）直接请求支付票据中所规定的金额的权利。通过背书转让其权利的人称为背书人，接受经过背书的汇票的人就称为被背书人。由于这种票据权利的转让一般都是在票据背面（如果记在正面就容易和承兑、保证等其他票据行为混淆）进行的，所以叫作背书。

（1）按照现行规定，银行汇票收款人为个人的，可以经过背书将汇票转让给在银行开户的单位和个人。

（2）如果收款人为单位，不得背书转让。

（3）汇票必须转让给在银行开户的单位和个人，不能转让给没有在银行开户的单位和个人。

（4）在背书时，背书人必须在银行汇票第二联背面"背书"栏填明其个人身份证件及号码并签章，同时填明被背书人名称和背书日期，在汇票有效期内，被背书人按规定在"被背书人"一栏签章并填制一式两联进账单后到开户行办理结算，其会计核算办法与一般银行汇票相同。

经过背书的银行汇票结算程序如图4-11所示。

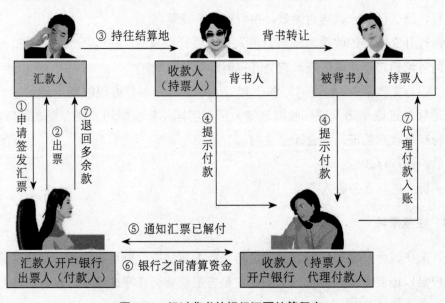

图4-11 经过背书的银行汇票结算程序

4.2.5 银行汇票退款办理

（1）办理退款的手续

汇款单位因汇票超过了付款期限或其他原因没有使用汇票款项时，可以分情况向签发银行申请退款，具体如图4-12所示。

在银行开立账户的情况

在银行开立账户的汇款单位要求签发银行退款时，应当备函向签发银行说明原因，并将未用的"银行汇票联"和"解讫通知联"交回汇票签发银行办理退款。银行将"银行汇票联""解讫通知联"和银行留存的银行汇票"卡片联"核对无误后办理退款手续，将汇款金额划入汇款单位账户

未在银行开立账户的情况

未在银行开立账户的汇款单位要求签发银行退款时，应将未用的"银行汇票联"和"解讫通知联"交回汇票签发银行，同时向银行交验申请退款单位的有关证件，经银行审核后办理退款

因缺联而不能兑付的情况

汇款单位因"银行汇票联"和"解讫通知联"缺少其中一联而不能在兑付银行办理兑付，向签发银行申请退款时，应将剩余的一联退给汇票签发银行，并备函说明短缺其中一联的原因，经签发银行审查同意后办理退款手续

图4-12　不同情况下申请退款的程序

（2）退款业务的凭证处理

汇款单位办理退款手续时，等到银行转回银行汇票第四联"多余款收账通知联"后，财务部门才能根据"多余金额"（此多余金额等于原汇款金额）编制银行存款收款凭证。

🔍 **【实例4】** ▶▶

银行汇票退款业务的凭证处理

某公司因故向银行办理退票手续后，6月10日收到银行汇票"多余款收账通知联"，列明"多余金额"为100 000元。出纳员据此编制银行存款收款凭证，其会计分录为，

借：银行存款		100 000
贷：其他货币资金——银行汇票		100 000

4.2.6　电子商业汇票

4.2.6.1　电子商业汇票的定义

电子商业汇票是指出票人依托电子商业汇票系统，以数据电文形式制作的委托付款人在指定日期无条件支付确定的金额给收款人或者持票人的票据。按照承兑人的不同，电子商业汇票又分为电子银行承兑汇票和电子商业承兑汇票。电子银行承兑汇票由银行或财务公司承兑。电子商业承兑汇票由银行、财务公司以外的法人或组织承兑。电子商业汇票的付款人为承兑人。

4.2.6.2　电子商业汇票的特点

（1）在人民银行批准建立的电子商业汇票系统中签发并流转，即电子商业汇票的出票、承兑、背书、保证、提示付款和追索等业务，必须通过电子商业汇票系统办理。

（2）电子商业汇票为定日付款票据，付款期限自出票日起至到期日止，最长不得超过1年。

与纸质商业汇票相比，电子商业汇票具有以数据电文形式签发、流转，以电子签名取代实体签章两个突出的特点。

4.2.6.3　电子商业汇票的优点

与传统的纸质商业汇票相比，电子商业汇票有图4-13所示优点。

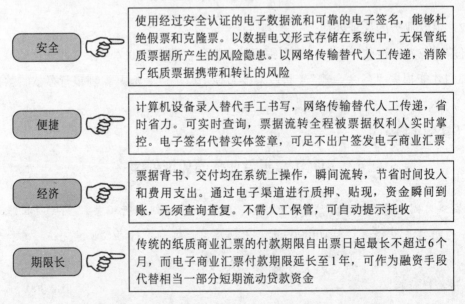

图4-13　电子商业汇票的优点

4.2.6.4　业务条件

在满足纸质商业汇票业务条件的基础上，票据当事人还应开通网上银行或银企直联服务，并与开户银行签订"电子商业汇票业务服务协议"。

4.2.6.5　电子商业承兑汇票贴现

电子商业承兑汇票的兑现可以找银行或提供商票融资的公司买断，其区别在于，银行贴现流程较多，时间较长，而提供商票融资的企业买断商票时核对贸易资料，背书打款，手续简单、效率高。

电子商业承兑汇票的贴现流程如图4-14所示。

第一步　**与银行人员协商贴现价格，确定剩余贴现额度**

持票人需要与贴现银行取得联系，并就贴现利率、贴现价格和贴现种类达成一致。银行确定有足够的剩余贴现额度，开始受理业务，通知持票人准备各项业务办理所需的资料

第二步　**在企业网银中提交贴现申请**

持票人登录开户行的企业网银，在企业网银—电子票据—贴现中录入票据信息，选择相应的贴现银行，并按银行要求提交背书给该银行

第三步　**银行受理贴现，企业提交资料**

持票人拿相应的资料去找银行业务人员办理贴现，双方签订"电子商业汇票贴现协议"

第四步　**资金申报**

客户经理测算业务资金需求，提前向资金营运部门申报预约资金

第五步　**票据和票据交易文件审查**

这一部分由贴现银行办理，银行票据业务部门审核岗位对票据进行票面审查，核实申请人的材料与贸易背景的真实性。风险审核岗位对票据交易文件和资料进行审查，包括风险排查、额度检查、黑名单检查，并对企业贷款卡进行查询

第六步　**数据录入，贴现凭证制作**

银行客户经理在电子银行承兑汇票票据业务系统中录入贴现业务数据，并打印制作贴现凭证

图4-14

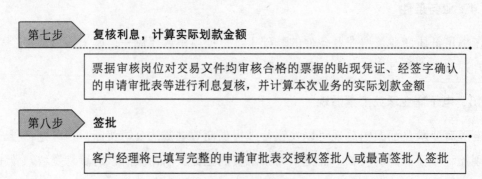

第七步	复核利息，计算实际划款金额

票据审核岗位对交易文件均审核合格的票据的贴现凭证、经签字确认的申请审批表等进行利息复核，并计算本次业务的实际划款金额

第八步	签批

客户经理将已填写完整的申请审批表交授权签批人或最高签批人签批

图4-14　电子商业承兑汇票贴现流程

4.3　银行本票业务

银行本票是申请人将款项交存银行，由银行签发的承诺自己在见票时无条件支付确定的金额给收款人或者持票人的票据。

4.3.1　银行本票的结算程序

银行本票的结算程序如图4-15所示。

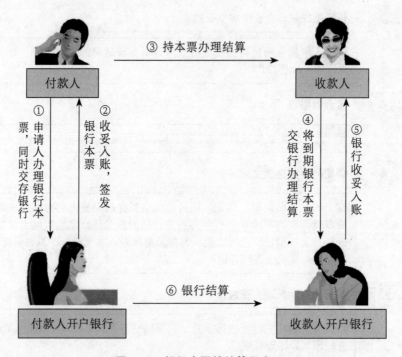

图4-15　银行本票的结算程序

4.3.2 银行本票的分类

银行本票包括定额银行本票和不定额银行本票两种。

（1）定额银行本票

定额银行本票一式一联，由中国人民银行总行统一规定票面规格、颜色和格式，并统一印制。定额银行本票包括500元、1 000元、5 000元和10 000元四种面额。图4-16为面额为1 000元的定额银行本票票样。

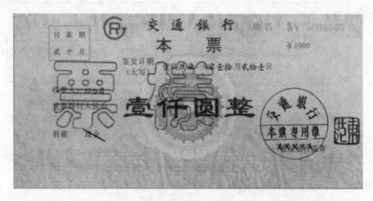

图4-16 定额1 000元的银行本票

（2）不定额银行本票

不定额银行本票一式两联，一联由签发银行结算本票时作为付出传票，另一联由签发银行留存作为结清本票时的传票附件。其具体规格、颜色和格式由中国人民银行各分行在所辖范围内统一规定，并由各银行印制。不定额银行本票的票样如图4-17所示。

图4-17 不定额银行本票

4.3.3 银行本票结算规定

使用银行本票结算应遵守的规定如图4-18所示。

规定一	银行本票在指定城市的同城范围内使用
规定二	银行本票的金额起点。不定额银行本票的金额起点为100元，定额银行本票面额为500元、1 000元、5 000元、10 000元
规定三	银行本票的付款期自出票日起最长不超过两个月（不分大月小月，统按次月对日计算，到期日遇到节假日顺延）。逾期的银行本票兑付，银行不予受理，但可以在签发银行办理退款
规定四	银行本票一律记名，允许背书转让
规定五	银行本票见票即付，不予挂失。遗失的不定额银行本票在付款期满后一个月内确认未被冒领的，可以办理退款手续

图4-18　使用银行本票结算应遵守的规定

4.3.4　怎样办理银行本票

4.3.4.1　申请

付款单位需要使用银行本票办理结算的，应向银行填写一式三联"银行本票申请书"，详细写明收款单位名称等各项内容。申请人在签发银行开立账户的，应在"银行本票申请书"第二联上加盖银行预留印鉴。个体经济户和个人需要支取现金的，应在申请书上注明"现金"字样。"银行本票申请书"由中国人民银行各分行确定格式并印制，其样本如图4-19所示。

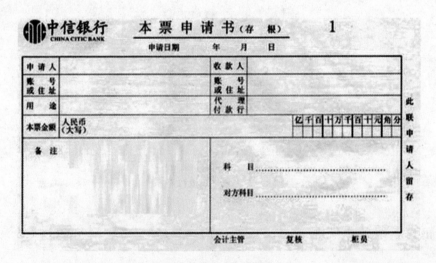

图4-19　银行本票申请书

4.3.4.2　签发银行本票

签发银行受理"银行本票申请书"后,应认真审查申请书填写的内容是否正确。审查无误后,办理收款手续。付款单位在银行开立账户的,签发银行直接从其账户划拨款项;付款人用现金办理本票的,签发银行直接收取现金。银行按照规定收取办理银行本票的手续费,其收取办法与票款相同。银行办妥票款和手续费收取手续后,即签发银行本票。

(1)定额银行本票的签发

签发银行在签发定额银行本票时,应按照申请书的内容填写收款人名称,并用大写填写签发日期。用于转账的本票应在本票上画去"现金"字样,用于支取现金的本票须在本票上画去"转账"字样。在银行本票上加盖汇票专用章,连同"银行本票申请书"存根联一并交给申请人。未画去"转账"或"现金"字样的本票,兑付银行将按照转账办理。

(2)不定额银行本票的签发

签发银行在签发不定额银行本票时,同样应按照申请书的内容填写收款人名称,并用大写填写签发日期。用于转账的本票须在本票上画去"现金"字样,用于支取现金的本票须在本票上画去"转账"字样。在本票第一联上加盖汇票专用章和经办人员、复核人员名章,用总行统一定制的压数机在"人民币大写"栏大写金额后端压印本票金额,然后将本票第一联连同"银行本票申请书"存根联一并交给申请人。

付款单位收到银行本票和银行退回的"银行本票申请书"存根联后,根据"银行本票申请书"存根联编制银行存款付款凭证,其会计分录为,

借:其他货币资金——银行本票

　　贷:银行存款

对于银行按规定收取的办理银行本票的手续费,付款单位应当编制银行存款或现金付款凭证,其会计分录为,

借:财务费用——银行手续费

　　贷:银行存款(或库存现金)

4.3.5　收受银行本票的处理

4.3.5.1　收款人受理银行本票时的审查

出纳员接到银行本票时,应审查下列事项。

(1)收款人是否确为本单位,本单位的名称是否写全。

(2)银行本票是否在提示付款期限内。

（3）必须记载的事项是否齐全。

（4）出票人签章是否符合规定，不定额银行本票是否有压数机压印的出票金额，并与大写出票金额一致。

（5）出票金额、出票日期、收款人名称是否更改，更改的其他记载事项是否由原记载人签章证明。

4.3.5.2　被背书人受理银行本票时的审查

被背书人受理银行本票时，还应审查下列事项。

（1）背书是否连续，背书人签章是否符合规定，背书使用粘单是否按规定签章。

（2）背书人为个人的，审查其身份证件。

4.3.5.3　银行本票的兑付

银行本票见票即付。跨系统银行本票的兑付，持票人开户银行可根据中国人民银行规定的金融机构同业往来利率向出票银行收取利息。不同情况下银行本票的兑付要求如图4-20所示。

> **要求一**　**在银行开立存款账户的持票人**
>
> 在银行开立存款账户的持票人向开户银行提示付款时，应在银行本票背面"持票人向银行提示付款签章"处签章，签章须与银行预留印鉴相同，并将银行本票、进账单送交开户银行。银行审查无误后办理转账

> **要求二**　**未在银行开立存款账户的个人持票人**
>
> 未在银行开立存款账户的个人持票人，凭注明"现金"字样的银行本票向出票银行支取现金的，应在银行本票背面签章，记载本人身份证件名称、号码及发证机关，并交验本人身份证件及其复印件

> **要求三**　**委托他人兑付的**
>
> 持票人对注明"现金"字样的银行本票需要委托他人向出票银行提示付款的，应在银行本票背面"持票人向银行提示付款签章"处签章，记载"委托收款"字样、被委托人姓名和背书日期以及委托人身份证件名称、号码、发证机关。被委托人向出票银行提示付款时，也应在银行本票背面"持票人向银行提示付款签章"处签章，记载证件名称、号码及发证机关，并同时交验委托人和被委托人的身份证件及其复印件

图4-20　不同情况下银行本票的兑付要求

4.3.5.4　超过期限兑付的处理

（1）持票人

持票人超过提示付款期限未得到付款的，在票据权利时效内向出票银行作出说明，并提供本人身份证件或单位证明，可持银行本票向出票银行请求付款。

（2）申请人要求退款

申请人因银行本票超过提示付款期限或其他原因要求退款时，应将银行本票提交到出票银行，申请人为单位的，应出具该单位的证明；申请人为个人的，应出具该本人的身份证件。出票银行对于在本行开立存款账户的申请人，只能将款项转入原申请人账户；对于现金银行本票和未在本行开立存款账户的申请人，才能退付现金。

提醒您

银行本票丧失，失票人可以凭人民法院出具的享有票据权利的证明，向出票银行请求付款或退款。

4.3.6　办理银行本票的背书转让

按照规定，银行本票一律记名，允许背书转让。所以，收款人可以将银行本票背书转让给被背书人。背书的工作程序如下。

4.3.6.1　持有人背书

出纳员在办理银行本票转让时，应在本票背面"背书"栏内背书，加盖本单位银行预留印鉴，注明背书日期，在"被背书人"栏内填写受票单位名称，然后将银行本票直接交给被背书单位，同时向被背书单位交验有关证件，以便被背书单位查验。

4.3.6.2　被背书单位审查

被背书单位对收到的银行本票应认真进行审查，其审查内容与收款单位审查内容相同。

提醒您

按照规定，银行本票的背书必须连续，也就是说，银行本票上的任意一个被背书人就是紧随其后的背书人，并连续不断。如果银行本票的签发人在本票的正面注有"不准转让"字样，则该本票不得背书转让；背书人也可以在背书时注明"不准转让"，以禁止本票背书转让后再转让。

4.3.6.3 收到本票后不同使用情况的会计处理

（1）准备背书转让

如果收款单位收到银行本票之后，不立即到银行办理进账手续，而是准备背书转让，用来支付款项或偿还债务，则应在取得银行本票时编制转账凭证，其会计分录为，

借：其他货币资金——银行本票

贷：主营业务收入（或其他业务收入）

应交税费——应交增值税（销项税款）

（2）用于偿还债务

如果用收到的银行本票偿还债务，则其会计分录为，

借：应付账款

贷：其他货币资金——银行本票

（3）用于购买物资

付款单位收到银行签发的银行本票后，即可持银行本票向其他单位购买货物，办理货款结算。付款单位可将银行本票直接交给收款单位，然后根据收款单位的发票账单等有关凭证编制转账凭证，其会计分录为，

借：材料采购（或在途物资）

贷：其他货币资金——银行本票

如果实际购货金额大于银行本票金额，付款单位可以用支票或现金等补齐不足的款项，同时根据有关凭证按照不足款项编制银行存款或现金付款凭证，其会计分录为，

借：材料采购（或在途物资等）

贷：银行存款（或库存现金）

如果实际购货金额小于银行本票金额，则由收款单位用支票或现金退回多余的款项，付款单位应根据有关凭证，按照退回的多余款项编制银行存款或现金收款凭证，其会计分录为，

借：银行存款（或库存现金）

贷：其他货币资金——银行本票

4.4 商业汇票业务

商业汇票是由收款人、付款人或承兑申请人签发，由承兑人承兑，并于到期日向收款人或被背书人支付票款的一种票据。按承兑人的不同，商业汇票可分为商业承兑汇票和银行承兑汇票。

商业汇票结算方式适用于企业先发货、后收款，或者双方约定近期付款的商品交易，同城和异地均可使用。

4.4.1 商业汇票分类

（1）商业承兑汇票

商业承兑汇票是由银行以外的付款人承兑的票据。商业承兑汇票可以由付款人签发并承兑，也可以由收款人签发交由付款人承兑。商业承兑汇票的付款人为承兑人，其票样如图4-21所示。

图4-21 商业承兑汇票票样

（2）银行承兑汇票

银行承兑汇票是由出票人签发并由其开户银行承兑的票据。每张票面金额最高为1 000万元（含）。银行承兑汇票按票面金额向承兑申请人收取0.5‰的手续费，不足10元的按10元计。承兑期限最长不超过6个月。承兑申请人在银行承兑汇票到期未付款的，按规定计收逾期罚息。

银行承兑汇票的出票人必须具备图4-22所列条件。

4.4.2 使用商业汇票的原则

使用商业汇票必须遵守图4-23所示的原则。

4.4.3 商业汇票的流转程序

（1）商业承兑汇票的流转程序

商业承兑汇票的流转程序如图4-24所示。

在承兑银行开立存款账户的法人以及其他组织

与承兑银行具有真实的委托付款关系

能提供具有法律效力的购销合同及增值税专用发票

有足够的支付能力、良好的结算记录和结算信誉

与银行信贷关系良好，无贷款逾期记录

能提供相应的担保，或按要求存入一定比例的保证金

图4-22　银行承兑汇票的出票人必须具备的条件

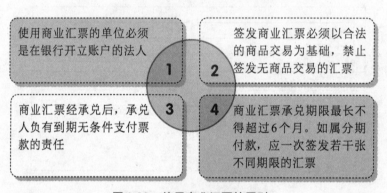

使用商业汇票的单位必须是在银行开立账户的法人　**1**　**2**　签发商业汇票必须以合法的商品交易为基础，禁止签发无商品交易的汇票

商业汇票经承兑后，承兑人负有到期无条件支付票款的责任　**3**　**4**　商业汇票承兑期限最长不得超过6个月。如属分期付款，应一次签发若干张不同期限的汇票

图4-23　使用商业汇票的原则

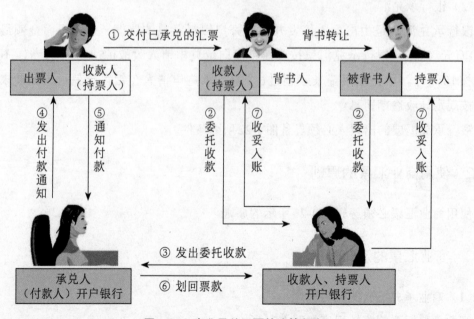

图4-24　商业承兑汇票的流转程序

（2）银行承兑汇票的流转程序

银行承兑汇票的流转程序如图4-25所示。

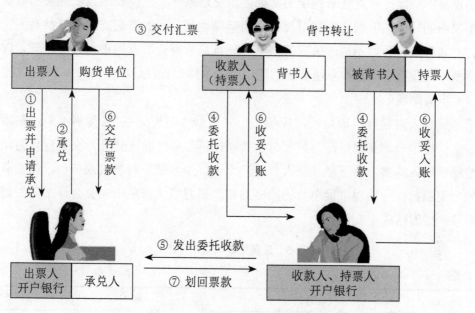

图4-25 银行承兑汇票的流转程序

4.4.4 商业汇票的签发

4.4.4.1 商业承兑汇票的签发人

商业承兑汇票按照双方协定，可以由付款单位签发，也可以由收款人签发。

4.4.4.2 签发商业汇票必须记载的事项

商业承兑汇票一式三联，第一联为卡片，由承兑人（付款单位）留存；第二联为商业承兑汇票，由收款人开户银行随结算凭证寄付款人开户银行作为支付传票附件；第三联为存根联，由签发人存查。签发商业汇票必须记载的事项有：

（1）表明"商业承兑汇票"或"银行承兑汇票"的字样。

（2）无条件支付的委托。

（3）确定的金额。

（4）付款人名称。

（5）收款人名称。

（6）出票日期。

（7）出票人签章。

欠缺记载上述事项之一的，商业汇票无效。

4.4.5　商业汇票的贴现

贴现是指汇票持有人将未到期的商业汇票交给银行，银行按照票面金额扣收自贴现日至汇票到期日期间的利息，将票面金额扣除贴现利息后的净额交给汇票持有人。商业汇票持有人在资金暂时不足的情况下，可以凭承兑的商业汇票向银行办理贴现，以提前取得货款。商业汇票持有人办理汇票贴现，应按下列步骤进行。

（1）申请贴现

汇票持有人向银行申请贴现，应填制一式五联"贴现凭证"（见表4-5）。贴现凭证第一联（代申请书）交银行作为贴现付出传票，第二联（收入凭证）交银行作为贴现申请单位账户收入传票，第三联（收入凭证）交银行作为贴现利息收入传票，第四联（收账通知）交银行作为贴现申请单位的收账通知，第五联（到期卡）交会计部门按到期日排列保管，作为贴现收入凭证。

表 4-5　贴现凭证（贷方凭证）

填写日期：　　　年　　月　　日　　　　　　　　　　　　　　　　第　　号

贴现汇票	种类			号码			申请人	名　称										
	发票日		年　　月　　日					账　号										
	到期日		年　　月　　日					开户银行										
汇票承兑人（或银行）		名称				账号			开户银行									
汇票金额（即贴现金额）		人民币（大写）							千	百	十	万	千	百	十	元	角	分
贴现率每月	‰	贴现利息	千	百	十	万	千	百	十	元	角	分	实付贴现金额	千	百	十	万	千	百	十	元	角	分
备注：										科目（借）对方科目（贷）复核：　　记账：								

（此联银行作贴现申请人账户贷方凭证）

汇票持有单位（即贴现单位）出纳员应根据汇票的内容逐项填写贴现凭证。填完贴现凭证后，在第一联"申请人盖章"处和商业汇票第二联、第三联背后加盖银行预留印鉴，然后一并送交开户银行信贷部门。

开户银行信贷部门按照有关规定对商业汇票及贴现凭证进行审查，重点审查申请人持有的汇票是否合法、是否在本行开户、汇票联数是否完整、背书是否连续、贴现凭证的填写是否正确、汇票是否在有效期内、承兑银行是否已通知不应贴现，以及是否超过本行信贷规模和资金承受能力等。审查无误后在贴现凭证"银行审批"栏签注"同意"字样，并加盖有关人员印章后送银行会计部门。

（2）办理贴现

银行会计部门对银行信贷部门审查的内容进行复核，并审查汇票盖印及压印金额是否真实有效。审查无误后按规定计算并在贴现凭证上填写贴现率、贴现利息和实付贴现金额。

银行会计部门填写完贴现率、贴现利息和实付贴现金额，将贴现凭证第四联加盖"转讫"章后交给贴现单位作为收账通知，同时将实付贴现金额转入贴现单位账户。贴现单位根据开户银行转回的贴现凭证第四联，按实付贴现金额编制银行存款收款凭证，其会计分录为，

借：银行存款

贷：应付票据

同时按贴现利息编制转账凭证，其会计分录为，

借：财务费用

贷：应付票据

并在"应收票据登记簿"登记有关贴现情况。

（3）汇票到期

汇票到期，由贴现银行通过付款单位开户银行向付款单位办理清算，收回票款。

对于银行承兑汇票，不管付款单位是否有款偿付，贴现银行都能从承兑银行取得票款，不再与收款单位发生关系。

对于商业承兑汇票，贴现的汇票到期，如果付款单位能足额支付票款，收款单位应于贴现银行收到票款后将应收票据在备查簿中注销。当付款单位存款不足无力支付到期商业承兑汇票时，按照《支付结算办法》的规定，贴现银行将商业承兑汇票退还给贴现单位，并开出特种转账传票，在其中"转账原因"栏注明"未收到××号汇票款，贴现款已从你账户收取"字样，从贴现单位银行账户直接划转已贴现票款。贴现单位收到银行退回的商业承兑汇票和特种转账传票时，凭特种转账传票编制银行存款付款凭证，其会计分录为，

借：应收账款

贷：银行存款

同时立即向付款单位追索票款。如果贴现单位账户存款也不足，按照《支付结算办法》的规定，贴现银行将贴现票款转作逾期贷款，退回商业承兑汇票，并开出特种转账传票，在其中"转账原因"栏注明"贴现已转逾期贷款"字样，贴现单位据此编制转账凭证，其会计分录为，

借：应收账款

贷：短期借款

4.5 托收承付结算

托收承付结算是指根据购销合同由收款人发货后委托银行向异地购货单位收取货款，购货单位根据合同核对单证或验货后，向银行承认付款的一种结算方式。

4.5.1 托收

托收是指销货单位（即收款单位）委托其开户银行收取款项的行为。办理托收时，必须具有符合《中华人民共和国民法典》规定的经济合同，并在合同上注明使用托收承付结算方式和遵守"发货结算的原则"。所谓"发货结算"是指收款方按照合同发货，取得货物发运证明后，方可向开户银行办理托收手续。

托收金额的起点为10 000元。款项划转方式有邮划和电划两种，电划比邮划速度快，托收方可以根据缓急程度选用，其样本如图4-26所示。

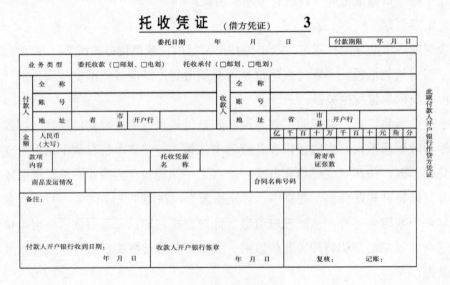

图4-26 托收凭证样本

4.5.2 承付

承付是指购货单位（即付款单位）在承付期限内向银行承认付款的行为。承付方式有两种，即验单承付和验货承付。

（1）验单承付

验单承付是指付款方接到其开户银行转来的承付通知和相关凭证，并与合同核对相符后，必须承认付款的结算方式。验单承付的承付期为3天，从付款人开户银行发出承付通知的次日算起，遇到节假日顺延。

（2）验货承付

验货承付是指付款单位除了验单外，要等商品全部运达并验收入库后才承付货款的结算方式。验货承付的承付期为10天，从承运单位发出提货通知的次日算起，遇到节假日顺延。

4.5.3　异地托收承付结算程序

异地托收承付结算的程序如图4-27所示。

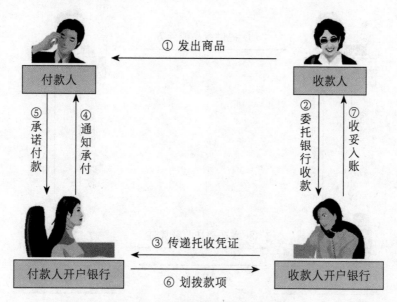

图4-27　异地托收承付结算的程序

4.5.4　对异地托收承付的管理

为对异地托收承付进行有效的管理，出纳员可以将托收事项记录下来（见表4-6），以便跟踪。

表4-6　异地托收承付付款登记簿

托收单号	收款单位	款项内容	托收金额	承付日期	处理意见		
					承付金额	拒付金额	理由

4.6 委托收款结算

委托收款是收款人委托银行向付款人收取款项的结算方式。

4.6.1 委托收款结算的基本程序

委托收款结算的基本程序如图4-28所示。

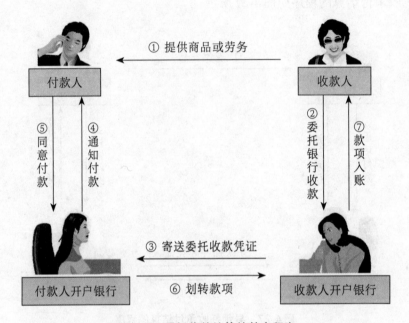

图4-28 委托收款结算的基本程序

4.6.2 如何办理托收

收款人办理委托收款，应向开户银行填写"委托收款凭证"（见表4-7），认真填写以下事项。

（1）金额。

（2）付款人名称。

（3）收款人名称。

（4）委托收款凭据名称及附寄单证张数。

（5）委托日期。

（6）收款人印章。

表4-7 委托收款凭证（回单）

委电-----------------------------1 委托号码：

委托日期： 年 月 日

付款人	全称		收款人	全称												
	账号或地址			账号												
	开户银行			开户银行		行号										
委托金额	人民币（大写）					千	百	十	万	千	百	十	元	角	分	
款项金额			委托收款凭据名称			附寄单证张数										
备注： 电划			款项收妥日期 年 月 日			科目（借） 对方科目（贷） 复核： 记账：										

此联收款人开户行给收款人的回单

收款单位财务部门根据银行盖章退回的委托收款凭证第一联和发票等原始凭证按照业务性质编制有关记账凭证。如企业销售产品在办妥委托收款手续后应根据有关凭证编制转账凭证。

【实例5】▶▶▶

委托收款方式收款的账务处理

A公司向B公司销售商品180 000元，采用委托收款方式结算，并用现金支付手续费3元。财务部门在办妥委托收款手续后，根据银行盖章退回的委托收款凭证第一联和发票等原始凭证编制转账凭证，其会计分录为，

借：应收账款——A公司　　　　　　　　　　　　180 000.00

贷：主营业务收入　　　　　　　　　　　　153 846.15

应交税费——应交增值税（销项税额）　　　26 153.85

对于银行按规定收取的手续费，应根据收据凭证编制现金付款凭证，其会计分录为，

借：财务费用　　　　　　　　　　　　　　　　3

贷：库存现金　　　　　　　　　　　　　　3

4.6.3 怎样办理付款手续

付款人开户银行接到收款人开户银行寄来的委托收款凭证，经审查无误，应及时通知付款人。

4.6.3.1　接通知后审查

付款人接到通知和有关附件后，应认真进行审查。审查的内容主要包括三项。

（1）委托收款凭证是否应由本单位受理。

（2）凭证内容和所附的有关单证填写是否齐全正确。

（3）委托收款金额和实际应付金额是否一致，承付期限是否到期。

4.6.3.2　付款

付款人审查无误后，应在规定的付款期内付款。付款期为3天，从付款人开户银行发出付款通知的次日算起（付款期内遇节假日顺延），付款人在付款期内未向银行提出异议，银行视作同意付款，并在付款期满的次日（遇到节假日顺延）上午银行开始营业时，将款项主动划给收款人。如在付款期满前，付款人通知银行提前付款，银行应立即办理划款。付款人审查付款通知和有关单证，发现有明显的计算错误，应该多付款项时，可由出纳员填制一式四联"多付款理由书"（可以"拒绝付款理由书"替代），于付款期满前交开户银行将应多付款项一并划给收款单位。银行审查同意后，将应多付款项连同委收金额划转给收款单位，同时将"多付款理由书"第一联加盖"转讫"章后作为付款通知交给收款单位。

🔍【实例6】▸▸▸

委托收款方式付款的账务处理

A公司采用委托收款方式购买B公司商品180 000元（含税价，税率为16%），根据银行转来的委托收款凭证第五联及有关单证，编制银行存款付款凭证，其会计分录为，

借：材料采购		155 172.41
应交税费——应交增值税（进项税额）		24 827.59
贷：银行存款		180 000.00

🔍【实例7】▸▸▸

委托收款方式付款（补充购买）的账务处理

A公司采用委托收款方式购买B公司某产品，委托收款凭证注明委收金额40 000元，因A公司需要补充购买该产品10 000元，故要求办理多付款手续。财务部门根

据委托收款凭证第五联和有关单证编制银行存款付款凭证，其会计分录为，

  借：材料采购   34 482.76

    应交税费——应交增值税（进项税额）   5 517.24

  贷：银行存款   40 000.00

同时根据委托收款凭证第五联和银行已盖章退回的"多付款理由书"第一联编制银行存款付款凭证，其会计分录为，

  借：预付账款——B公司   10 000

  贷：银行存款   10 000

收到B公司的发票账单等凭证时，A公司应做如下会计分录，

  借：材料采购   8 620.69

    应交税费——应交增值税（进项税额）   1 379.31

  贷：预付账款——B公司   10 000

4.6.4 办理拒付手续及核算

4.6.4.1 办理拒付手续

付款单位审查有关单证后，认为所发货物的品种、规格、质量等与双方签订的合同不符或者因其他原因对收款单位委托收取的款项需要全部或部分拒绝付款的，应在付款期内出具"委托收款结算全部或部分拒绝付款理由书"（以下简称"拒绝付款理由书"；见图4-29），连同开户银行转来的有关单证送开户银行。

出纳员在填写"拒绝付款理由书"时，除认真填写收款单位的名称、账号、开户银行，付款单位的名称、账号、开户银行，委托收款金额，附寄单证张数等外，对于全部拒付的，在"拒付金额"栏填写委托收款金额，"部分付款金额"栏的大小写都为零，并具体说明全部拒绝付款的理由；若部分拒付的，在"拒付金额"栏填写实际拒绝付款金额，"部分付款金额"栏填写委托收款金额减去拒绝付款金额后的余额，即付款单位实际支付的款项金额，并具体说明部分拒付的理由，出具拒付款部分商品清单。填完后，在"付款人盖章"处加盖本单位公章，并注明拒付日期。

按照规定，银行收到付款单位的"拒绝付款理由书"连同委托收款凭证第五联及所附有关单证，不审查拒绝付款理由，只对有关内容进行核对，核对无误即办理有关手续。实行部分拒付的，将部分付款款项划给收款单位，在"拒绝付款理由书"第一联上加盖业务专用章并退还给付款单位，同时将"拒绝付款理由书"第四联寄给收款单位开户银行，由其转交收款单位。

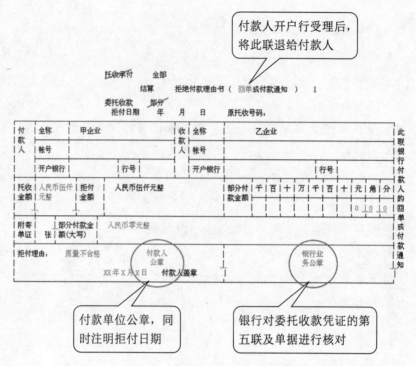

图4-29　拒绝付款理由书的票样

4.6.4.2　账务处理

（1）全部拒绝付款的

付款单位收到银行盖章退回的"拒绝付款理由书"第一联后，全部拒绝付款的，由于未引起资金增减变动，因而不必编制会计凭证和登记账簿，只需将"拒绝付款理由书"妥善保管以备查，并在"委托收款登记簿"上登记全部拒付的情况。

（2）拒绝付款时，对方发出的货物已收到

如果拒绝付款时，对方发出的货物已收到，则应在"代管物资登记簿"中详细登记拒绝付款物资的有关情况。对于部分拒绝付款的，应当根据银行盖章退回的"拒绝付款理由书"第一联，按照实际部分付款金额编制银行存款付款凭证，其会计分录和全部付款会计分录相同。

🔍 【实例8】▸▸▸

部分拒付款的处理

S公司收到开户银行转来T公司的委托收款凭证及有关单证后，经过审查，只承付其中的100 000元，对其余80 000元拒绝付款。按规定填写"拒绝付款理由书"并

送银行办理有关手续后，根据银行盖章退回的"拒绝付款理由书"第一联编制银行存款付款凭证，其会计分录为，

借：材料采购	86 206.90
应交税费——应交增值税（进项税额）	13 793.10
贷：银行存款	100 000.00

收款单位收到开户银行转来的付款单位的委托收款凭证第四联和"拒绝付款理由书"第四联（部分拒付的，还附有拒付部分商品清单及有关单证），应立即与付款单位取得联系，协商解决方法。对于全部拒付的，如果由付款方退回所购货物，收款单位应编制转账凭证，冲减原有销售收入，其会计分录为，

借：主营业务收入（或其他业务收入）

　　应交税费——应交增值税（销项税额）

　贷：应收账款

如果经过协商，由收款单位用其他产品或商品替换原产品或商品，或者给予对方一定的销售折扣，则收款单位重新办理委托收款手续，可以冲减原有的销售收入，然后按照新的委托收款凭证重新进行会计处理；也可以在原有销售收入的基础上进行会计处理。比如，经过协商，收款方同意给予对方额外的销售折扣，则收款方重新办理委托收款手续，收款方可以冲销原有的销售收入，然后按照新的委托收款凭证编制转账凭证，确定销售收入。

🔍【实例 9】▶▶▶

全部拒付款的处理

T 公司采用委托收款方式向 S 公司销售商品 180 000 元，S 公司以商品品种不符合要求予以全部拒付。经过协商，T 公司同意给予 S 公司 20% 的销售折让，T 公司重新办理委托收款手续。这时 T 公司首先应根据"拒绝付款理由书"等有关凭证编制转账凭证，冲销原有销售收入，然后按新的委托收款凭证重新确定销售收入。冲销时，T 公司应编制如下会计分录，

借：主营业务收入	155 172.41
应交税费——应交增值税（销项税额）	24 827.59
贷：应收账款——S 公司	180 000.00

按照新的委托收款凭证确定销售收入，其会计分录为，

借：应收账款——S公司（180 000–180 000×20%）　　144 000.00

　　贷：主营业务收入　　　　　　　　　　　　　　124 137.93

　　　　应交税费——应交增值税（销项税额）　　　　19 862.07

实际收到款项时，按实际收到的金额编制银行存款收款凭证，其会计分录为，

借：银行存款　　　　　　　　　　　　　　　　　　144 000

　　贷：应收账款——S公司　　　　　　　　　　　　144 000

如果经过协商，对于拒付部分给予销售折让的，可重新办理委托收款手续，其处理方法与全部拒付相同。

4.6.5　委托收款结算方式下无款支付时的处理

（1）委托收款结算方式下无款支付时的处理方式

付款人在付款期满日营业终了前，如无足够资金支付全部款项，即为无款支付，银行会于次日上午开始营业时，通知付款人将有关单证（单证已做账务处理的，付款人可以填制"应付款项证明单"，见表4-8）在两天内退回开户银行。银行将有关结算凭证连同单证或"应付款项证明单"退回收款人开户银行，由其转交收款人。

表4-8　应付款项证明单

年　　月　　日　　　　　　　　　　　　　　第　　号

收款人名称		付款人名称	
单证名称		单证编号	
单证日期		单证内容	
单证未退回原因			
我单位应付款项	人民币（大写）		
付款人盖章：			

注：此单一式两联。第一联通过银行转交收款人作为应收款项的凭据，第二联付款人留存作为应付款项的凭据。

付款单位出纳员应认真逐项填制收款人名称、付款人名称、单证名称、单证编号、单证日期、单证内容等项目，并在"单证未退回原因"栏内注明单证未退回的具体原因。如单证已做账务处理、已经部分付款等，同时在"我单位应付款项"栏大写应付给收款单位的款项金额。如确实无款支付。则应付金额等于委托收款金额；如已部分付款，则应付金额等于委托收款金额减去已付款项金额之余额，并在付款人盖章处加盖本单位公章。

银行审查无误后，将委托收款凭证连同有关单证或"应付款项证明单"退回收款单位开户银行，由其转交给收款单位。

（2）委托收款结算方式下无款支付时的会计分录

如果无款支付而所购货物已经收到，则付款单位财务部门应编制有关转账凭证，其会计分录为，

借：材料采购（或在途物资等）

贷：应付账款——××单位

如果付款单位银行账户内存款不足但已支付部分款项，则财务部门应按照已付款金额编制银行存款付款凭证，其会计分录为，

借：材料采购（或在途物资等）

贷：银行存款

同时按未付款金额编制转账凭证，其会计分录为，

借：材料采购（或在途物资等）

贷：应付账款——××单位

🔍【实例 10】▶▶▶

无款支付时的处理

S公司采用委托收款方式向T公司购买商品180 000元，付款期满，S公司账户内无款支付，而所购商品已经收到，则S公司财务部门应编制转账凭证，其会计分录为，

借：材料采购　　　　　　　　　　　　　　　　　　　155 172.41

应交税费——应交增值税（进项税额）　　　　　　24 827.59

贷：应付账款——T公司　　　　　　　　　　　　180 000.00

🔍【实例 11】▶▶▶

委托收款（未付全额）的处理

S公司采用委托收款方式向T公司购买某产品，委托收款凭证金额40 000元，付款期满，其银行账户内只有存款28 000元，已经划付，尚欠12 000元，已按规定填制"应付款项证明单"，送开户银行转收款单位，此时财务部门应按照已付款金额编制银行存款付款凭证，其会计分录为，

> 借：材料采购　　　　　　　　　　　　　　　　24 137.93
> 　　应交税费——应交增值税（进项税额）　　　3 862.07
> 　贷：银行存款　　　　　　　　　　　　　　　28 000.00
> 同时按照未付款全额编制转账凭证，其会计分录为：
> 借：材料采购　　　　　　　　　　　　　　　　10 344.83
> 　　应交税费——应交增值税（进项税额）　　　1 655.17
> 　　贷：应付账款——T公司　　　　　　　　　12 000.00

按照规定，付款人逾期不退回单证或"应付款项证明单"的，开户银行应按照委托收款金额自发出通知的第3天起，每天收取0.5‰但不低于5元的罚款，并暂停付款人委托银行向外办理结算业务，直到退回单证为止。付款单位按规定支付罚款时，应编制银行存款付款凭证，其会计分录为，

　　借：营业外支出
　　　贷：银行存款

收款单位收到开户银行转来的委托收款凭证及有关单证和无款支付通知书后应立即与付款单位取得联系，协商解决办法。对于部分付款的，应于收到款项时按照实际收到金额编制银行存款收款凭证，对未付款部分暂保留在应收账款中；如无款支付，也可暂时保留在应收账款中，待进一步解决。

4.7　汇兑业务

汇兑，通常称为企业的汇款，主要通过银行进行，一般也称为银行汇款。

汇兑就是企业（汇款人）委托银行将其款项支付给收款人的结算方式。这种方式便于汇款人向异地的收款人主动付款，适用范围十分广泛。

4.7.1　汇兑结算程序

汇兑结算程序如图4-30所示。

4.7.2　汇兑方式的选择

汇兑一般分为信汇和电汇两种，信汇是以邮寄方式将汇款凭证转给外地收款人指定的汇入行；而电汇则是以电报方式将汇款凭证转给收款人指定的汇入行。一般来说，电汇的速度要比信汇的速度快，收费要稍贵一点。两者的样本如图4-31、图4-32所示。

图 4-30 汇兑结算程序

××银行 信汇凭证（回 单） 1

委托日期 年 月 日

汇款人	全称		收款人	全称	
	账号			账号	
	汇出地点	省 市/县		汇入地点	省 市/县
汇出行名称			汇入行名称		
金额	人民币（大写）				亿 千 百 十 万 千 百 十 元 角 分
汇出行签章			支付密码		
			附加信息及用途：		
			复核 记账		

此联汇出行给汇款人的回单

图 4-31 信汇凭证样本

中国建设银行 China Construction Bank

电 汇 凭 证

币别： 年 月 日 凭证编号：04180800

汇款方式		□普通 □加急			
汇款人	全 称		收款人	全 称	
	账 号			账 号	
	汇出行名称			汇入行名称	
金额	（大写）				亿 千 百 十 万 千 百 十 元 角 分
			支付密码：		
			附加信息及用途：		
			此汇款支付给收款人。		
			客户签章：		

会计主管： 授权： 复核： 录入：

第一联 银行记账凭证

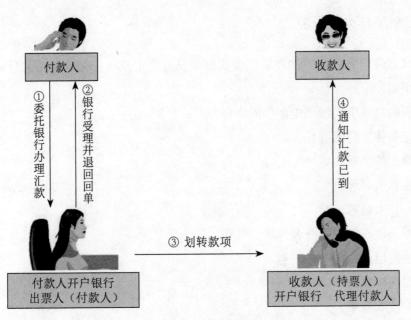

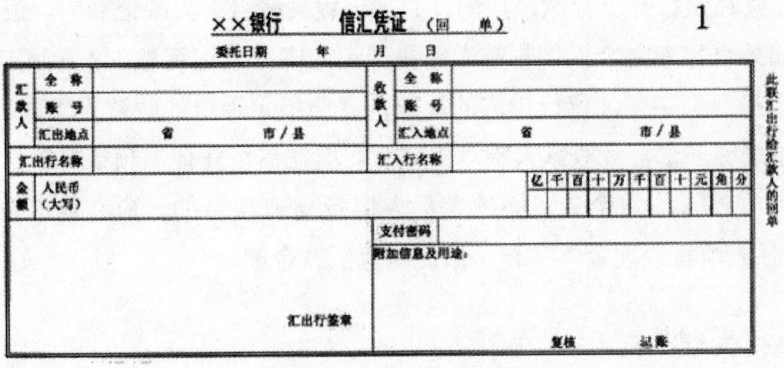

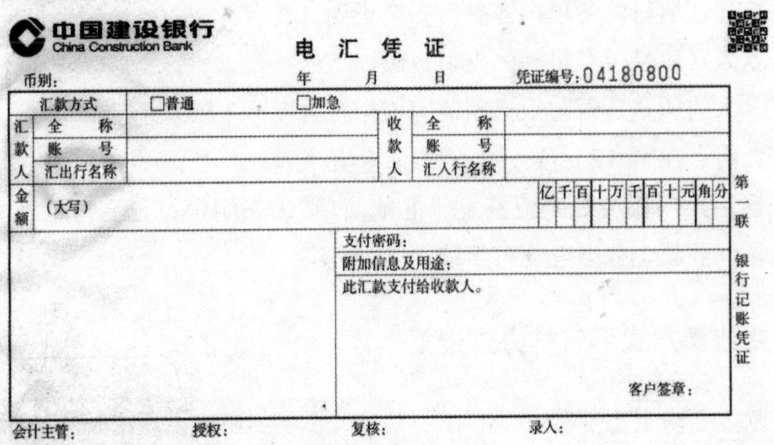

图 4-32 电汇凭证样本

4.7.3　出纳怎样办理汇兑

根据《支付结算办法》的规定，企业出纳员办理汇兑时必须填写汇兑凭证，一定要填写以下事项。

（1）表明"信汇"或"电汇"的字样。

（2）无条件支付的委托。

（3）确定的金额。

（4）收款人名称。

（5）汇款人名称。

（6）汇入地点、汇入行名称。

（7）汇出地点、汇出行名称。

（8）委托日期。

（9）汇款人签章。

凡汇兑凭证上欠缺上述汇款事项之一的，银行不予受理。汇兑凭证记载的汇款人名称、收款人名称，其在银行开立存款账户的，必须记载其账号；欠缺记载的，银行不予受理。

同时，如果收款人为个人，收款人需要到汇入银行领取汇款，汇款人应在汇兑凭证上注明"留行待取"字样。留行待取的汇款，需要指定单位的收款人领取汇款的，应注明收款人单位名称。信汇凭收款人签章支取的，应在信汇凭证上预留其签章。

汇款人和收款人均为个人，必须在汇入银行支取现金的，应在信汇及电汇凭证上"金额"大写栏先填写"现金"字样，然后填写汇款金额。

4.7.4　汇出行受理委托

汇出行受理委托后，主要对企业的汇兑凭证进行审查。其审查内容主要有：

（1）汇兑凭证填写的各项内容是否齐全正确。

（2）汇款人账户是否有足够的支付金额。

（3）汇款人的印章是否与银行预留印鉴相符合。

其中审查重点在第（2）项。

审查无误后，银行会给企业签发"汇款回单"，表明银行已受理汇款委托。汇入行收到汇款后，向收款企业办理支付手续。

4.7.5　汇兑结算方式下怎样办理退汇

（1）汇款人要求退汇

汇款人因故对汇出的款项申请退汇，如果汇款是直接汇给收款单位存款账户入账的，退汇由汇出单位自行联系，银行不予介入。

如果汇款不是直接汇给收款单位存款账户入账的，汇款单位应备公函或持本人身份证件连同原信汇、电汇凭证回单交汇出行申请退汇，由汇出银行通知汇入银行，汇入银行查实汇款确未解付，方可办理退汇；如果汇入银行接到退汇通知前汇款已经解付收款人账户或被支取，则由汇款人与收款人自行联系办理退款手续。

（2）汇款被拒收的退汇

如果汇款被收款单位拒绝接受，汇入银行应立即办理退汇。

汇款超过两个月，收款人尚未来汇入银行办理取款手续；或在规定期限内汇入银行已寄出通知，但由于收款人地址迁移或其他原因，致使该笔汇款无人受领时，汇入银行应主动办理退汇。

汇款单位收到汇出银行寄发的注有"汇款退回已代进账"字样的退汇通知书第四联（适用于汇款人申请退汇），或者有汇入银行加盖"退汇"字样，汇出银行加盖"转讫"章的特种转账贷方凭证（适用于银行主动退汇）后，即表明汇款已退回本单位账户。财务部门即可据此编制银行存款收款凭证，其会计分录则与汇出时银行存款付款凭证的会计分录相反。

4.8　微信、支付宝结算业务

4.8.1　企业支付宝结算

为了更好地服务企业，确保企业人员顺利从传统资金结算渠道过渡到支付宝，支付宝团队提供了面向企业财务和资金结算的支付宝企业账户。它可以多级授权管理，多人员流程操作、审核，多账户、母子公司账户管理，以及具有代发、代扣、内外资金转账等功能，大大方便了企业账户操作的灵活性。

4.8.1.1　支付宝结算介绍

（1）了解支付宝

支付宝（中国）网络技术有限公司（以下简称支付宝公司）是国内领先的第三方支付平台，致力于提供"简单、安全、快速"的支付解决方案。旗下有"支付宝"与"支付宝钱包"两个独立品牌。自2014年第二季度开始，支付宝公司成为当前全球最大的移动支付厂商。

支付宝主要提供支付及理财服务，包括网购担保交易、网络支付、转账、信用卡还款、手机充值、水电煤缴费、个人理财等多个领域。支付宝公司进入移动支付领域后，为零售百货、电影院线、连锁商超和出租车等多个行业提供服务，还推出了余额宝等理财服务。

支付宝与国内外180多家银行以及VISA、MasterCard等国际组织机构建立战略合作关系，成为金融机构在电子支付领域最为信任的合作伙伴。

（2）支付分类

支付宝支付主要分为八类，如图4-33所示。

图4-33　支付宝支付分类

① 快捷支付。快捷支付是指支付机构与银行合作直连，形成一种高效、安全、专用（消费）的支付方式。在推出快捷支付之前，大部分网络支付借由网络银行完成，但网络银行存在支付成功率低、安全性低等固有问题。此外，除了大银行之外，在国内1 000多家银行中仍有大量城镇银行未提供网络银行服务。

快捷支付解决了上述问题，支付成功率达到95%，而网络银行支付成功率为65%左右；快捷支付的用户资金由支付宝及合作保险公司承保，若出现资金损失，可获得赔偿。

2010年12月，中国银行与支付宝推出第一张信用卡快捷支付。

② 手机支付。从2008年开始，支付宝介入手机支付业务，2009年推出首个独立移动支付客户端，2013年初更名为"支付宝钱包"，并于2013年10月成为与"支付宝"并行的独立品牌。用户下载安装"支付宝钱包"，使用支付宝账号登录就能操作。

自2013年第二季度开始，"支付宝钱包"用户数、支付笔数均超过PayPal，成为全球最大的平台，这一优势仍在不断强化。

③ 二维码支付。2010年10月，支付宝推出国内首个二维码支付技术，帮助电商从线上向线下延伸发展空间。

使用方式：用户在"支付宝钱包"内，点击"扫一扫"，对准二维码按照提示操作即可。

④ 条码支付。2011年7月1日，支付宝在广州推出条码支付（BarcodePay），适用于便利店等场景。使用时，用户在"支付宝钱包"内点击"付款码"，收银员使用条码枪扫描该条码，即完成付款。

⑤ 声波支付。2013年4月12日，支付宝与青岛易触联合推出全球首个声波售货机。市面尚无同类支付技术商用。

使用方式：用户在支持声波支付的售货机上，选择商品，然后在"支付宝钱包"内点击"当面付"，按照提示完成支付。

⑥ NFC支付。2012年7月31日，支付宝推出使用NFC、LBS等技术的新客户端。随后这一技术方案得到进一步改进。

2014年4月28日，支付宝钱包8.1版支持NFC功能，用户可以向公交卡进行充值。

使用方式：将公交卡等放置在具有NFC功能的安卓手机上，即可查询公交卡余额以及进行充值。

值得注意的是，支付宝移动支付均为远程在线支付方案，NFC在当中的作用为"近场握手、远程支付"，与统称的NFC略有差异。

⑦ IPTV支付。2012年3月29日，华数传媒与支付宝推出互联网电视支付，实现3秒支付。

使用方式：注册成为华数传媒会员，并关注服务窗号。使用"支付宝钱包"扫描电视上的二维码，完成支付。

⑧ 指纹支付。2014年7月16日，移动支付平台"支付宝钱包"宣布试水指纹支付服务。"支付宝钱包"用户在三星智能手机Galaxy S5上可使用这一服务。这是国内首次在智能手机上开展指纹支付尝试，此举不仅给用户带来更安全、更便捷的支付体验，而且也意味着国内移动支付产业从数字密码时代跨入生物识别时代。

（3）企业选择支付宝结算的原因

对于企业而言，选择支付宝结算有四个原因，如图4-34所示。

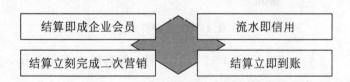

图4-34 企业选择支付宝结算的原因

① 结算即成企业会员。顾客只要通过支付宝钱包结算，就立刻成为企业的会员，企业的信息立刻保存到顾客的手机中。支付宝平台自带会员管理系统，方便企业掌握会员数据，分析会员消费习惯，制定会员营销方案。

② 结算立刻完成二次营销。顾客只要通过支付宝钱包结算，企业就可以将优惠券、抵值券、红包发送到顾客手机中，引导顾客下次来店消费使用。支付宝平台自带营销管理系统，方便企业自己定制优惠活动，不再依赖其他平台。

③ 结算立即到账。顾客通过支付宝钱包结算，资金会立刻进入企业的支付宝钱包，当

天就可提现至银行卡。

④ 流水即信用。企业的支付宝流水，可为企业提升信用。

4.8.1.2 企业支付宝注册

（1）在百度中输入支付宝，点击进入，然后选择"免费注册"，如图4-35所示。

图4-35 登录页面

（2）进入注册界面后，选择"企业账户"，然后输入账户名和验证码。输入完成后，点击下一步，如图4-36所示。

图4-36 注册界面

（3）点击下一步后，会出现图4-37所示画面，然后输入手机号码，并获取校检码。校检码填写完成后，点击下一步。

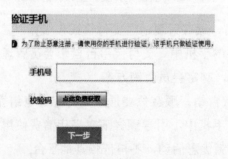

图4-37 填写手机号和校验码

（4）手机验证后，根据提示进入邮箱验证。

（5）进入邮箱后，点击支付宝邮件，然后打开支付宝地址，继续注册账户，如图4-38所示。

图4-38　进入邮箱验证

（6）点击网址进入后，根据图4-39所示的界面，填写登录密码、支付密码等。填写完成后，点击下一步。

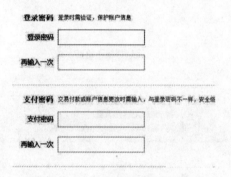

图4-39　填写登录密码、支付密码

（7）密码等设置完成后，系统会自动跳转至"企业实名信息填写"界面。

（8）点击"企业实名信息填写"后，界面跳转，选择"企业"，然后选择下一步操作，如图4-40所示。

图4-40　企业实名信息填写

（9）系统跳转至资料登记界面，根据要求填写相关信息，然后点击下一步。

（10）系统继续跳转至企业认证界面，根据要求填写相关信息，然后确认，如图4-41所示。

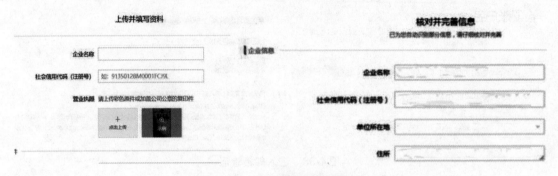

图4-41　上传资料并核对信息

（11）企业认证信息填写完成后，需要进行最后认证。根据图4-42的提示，即可完成最后一步认证。

图4-42　最后认证

4.8.1.3　支付宝结算业务

（1）支付宝转账业务

从支付宝账户转账到银行账户的操作流程如图4-43所示。

图4-43　支付宝账户转账到银行账户的操作流程

（2）企业支付宝提现

提现就是从支付宝账户中把余额转入指定的银行卡里。提现最初的意义是指卖家把货款转入银行卡。只有已经通过认证的支付宝才可以提现。

已经认证的支付宝账户，无论是卡通认证，还是身份证加银行卡认证，或者是授权认证，都要设置一个收款的银行账户。

4.8.2　企业微信结算

4.8.2.1　企业微信支付概述

在企业微信平台注册并完成认证的企业可接入微信支付功能。企业微信是微信团队专为企业打造的专业通信工具，它为企业提供与微信一致的沟通体验、连接微信生态的能力、丰富的办公应用等。企业微信接入支付后，可完成向员工发红包、向员工付款以及向员工收款等功能，如图4-44所示。

企业微信实现收付款功能，需要开通微信商户号。企业可以在微信支付商家助手公众号中，根据操作指引绑定商户信息成为微信支付商家，并获得微信支付商户码，如图4-45所示。进入企业微信管理后台应用与小程序→企业支付→绑定授权申请，查看相关商户号信息，确认授权申请。

图 4-44　企业微信支付功能

图 4-45　绑定商户信息成为微信支付商家

需要注意的是，这样只开通了企业收款功能，如果还想使用企业微信支付，开通企业支付的商户号需要满足开通满90天，连续交易30天的条件。

4.8.2.2　企业微信对外收款

（1）企业微信对公收款功能开通

企业开通微信的对外收款功能，即对公收款功能，既能避免员工走私单和谎报款型的行为，也能简化企业财务部对账的流程。员工对外收到的款项直接进入企业微信账户中，资金一清二楚。

① 首先企业要准备微信支付商户号，流程为企业微信工作台→对外收款→绑定商户号；提交开通申请后，暂不支持更换商户号。管理员在微信上收到企业收款功能开通提醒，确认开通即可，如图4-46所示。

图4-46　在企业微信工作台的开通步骤

② 在企业微信管理后台进行配置。管理员登录企业微信管理后台，在"应用管理—对外收款"页面，点击"启用"进入收款账户管理页面。然后填写微信支付商户号全称和微信支付商户号，补充完整商户号信息，再进行微信绑定，即可开通此功能，如图4-47所示。

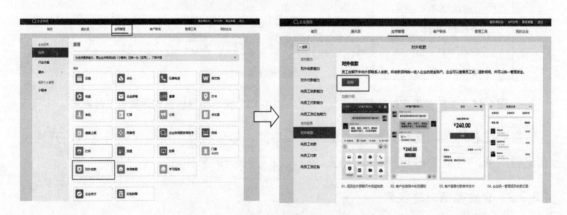

图4-47　在企业微信管理后台进行配置

填写商户号后，要等待微信支付商户平台管理员的确认，如图4-48所示。

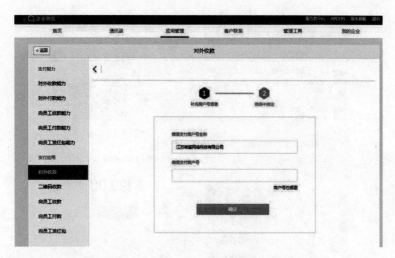

图 4-48 等待管理员确认

需要注意的是，企业填写的商户号信息必须真实有效。而且企业可以根据需要配置对外收款的员工范围，可以全部开放，也可以指定部分员工，如图 4-49 所示。

图 4-49 指定部分员工

（2）如何使用对外收款功能

拥有对外收款权限的员工，可在对外单聊 / 群聊的底部直接选择对外收款。员工发起对外收款后，外部联系人会在微信中收到付款提醒，可点击进入付款，如图 4-50 所示。

图4-50 发起对外收款

对外收款时可输入收款金额，也可以关联产品。在群里收款的时候还可以@需要付款的客户，如图4-51所示。

图4-51 群里收款

对外收款功能有两种形式：一种是生成小程序收款单，另一种是生成收款二维码。客户收到付款的提示后，点击小程序卡片的付款单进行支付；此时员工会收到收款的通知，如图4-52所示。

图 4-52 生成小程序收款单

4.8.2.3 怎样进行退款

当微信客户与员工达成退款约定后，员工可将所收款项的全部或部分退给微信客户，如图 4-53 所示。员工在收款记录中，点击退款即可，客户方会收到退款到账的提醒，如图 4-54 所示。

图 4-53 发起退款

图 4-54 退款到账通知

4.8.2.4 如何管理收款记录

企业管理员在移动端和PC端均可统一管理成员收款记录，如图4-55所示。收到的钱会进入企业的微信支付商户号中，然后可提取至企业对公银行卡或者个体户的法人银行账户。

图4-55 管理收款记录

4.8.3 微信、支付宝结算账务处理

微信和支付宝结算可以计入其他货币资金科目，并下设微信和支付宝二级明细。

其他货币资金是指企业除现金和银行存款以外的其他各种货币资金，即存放地点和用途均与现金和银行存款不同的货币资金，包括外埠存款、银行汇票存款、银行本票存款、信用卡存款、信用证保证金存款和存出投资款等。其他货币资金科目期末借方余额，反映企业持有的其他货币资金。

具体账务处理如表4-9所示。

表4-9 微信、支付宝结算账务处理

序号	经办业务	会计分录
1	微信、支付宝充值	借：其他货币资金 贷：银行存款
2	用微信或支付宝转账购买办公用品	借：管理费用——办公费 贷：其他货币资金——微信（支付宝）
3	微信或支付宝收到销售款	借：其他货币资金——微信（支付宝） 贷：主营业务收入 应交税费——应交增值税（销项税）

序号	经办业务	会计分录
4	公司用微信和支付宝支付工资	借：应付职工薪酬 　　贷：其他货币资金——微信（支付宝）
5	提现	借：银行存款 　　贷：其他货币资金——微信（支付宝）
6	取得利息收入	借：其他货币资金——微信（支付宝） 　　贷：财务费用——利息收入
7	在支付宝和微信购买基金或定期理财产品	（1）购买基金 购买时， 借：交易性金融资产——成本 　　贷：其他货币资金——微信（支付宝） 月末公允价值变动， 借：交易性金融资产——公允价值变动 　　贷：公允价值变动损益 卖出时， 借：其他货币资金——微信（支付宝） 　　贷：交易性金融资产——成本 　　　　　　　　——公允价值变动 （2）投资收益 ① 购买定期理财产品 借：债权投资——成本 　　贷：其他货币资金——微信（支付宝） ② 取得利息收入，按照实际利率法在持有期摊销 借：投资收益 　　贷：债权投资——应计利息 　　　　　　　　——利息调整

在处理这些业务时，出纳员需要将交易截图和相关账单打印出来作为凭证的附件，以证明业务的真实性。

【实例 12】 ▶▶▶

微信收款的记账

假如公司收入 1 000 元，开了 1 000 元的发票给客户，实际到账 999 元，1 元的微信手续费没有原始凭证，如何做账？

（1）开发票时的会计分录

借：应收账款　　　　　　　　　　　　　　　　　　　　　　　1 000

贷：主营业务收入	884.96
应缴税费——应交增值税（销项税额）	115.04

（2）收到款项的会计分录

借：其他货币资金——微信	999
财务费用——手续费	1
贷：应收账款	1 000

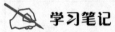 **学习笔记**

请对本章的学习做一个小结，将你认为的重点事项和不懂事项分别列出来，以便于自己进一步学习与提升。

本章重点事项
1. _____
2. _____
3. _____
4. _____
5. _____
本章不懂事项
1. _____
2. _____
3. _____
4. _____
5. _____
个人心得
1. _____
2. _____
3. _____
4. _____
5. _____

第5章
出纳票据的管理

 学习目标:

1.掌握支票的购买、使用申请、空白支票的保管及支票收款、转让、报废的管理要求、方法、步骤。

2.了解发票领购、开具、作废,红字发票开具,发票查验,发票丢失,发票违章,代开发票,发票保管及电子发票等的规定,掌握各项发票业务的操作要领。

3.了解有价证券的类别,掌握有价证券的保管要求和方法。

4.了解应收和应付票据管理的基本要求,掌握应收、应付票据的出纳作业要领。

5.1 支票的管理

5.1.1 支票的购买

企业开立基本存款账户后便可以在开户银行购买现金支票和转账支票。出纳员购买支票时，需要带上以下资料。

（1）在银行预留的印鉴（法人章和财务章）。

（2）在银行填一份支票申购单。一般情况下，到开户行对公窗口购买支票，银行会提供凭证购买单（不同银行的凭证购买单名称稍有差别，有的银行会在企业开户的时候将这类单据直接寄送给企业）。总之，出纳员需要将其填好，并加盖预留印鉴。

（3）购买支票专用证。购买支票专用证是首次购买支票时由银行发给支票办理人员的凭据。专用证的办理方式：开户单位申请办理专用证时，填写"购买空白重要凭证登记簿"（在登记簿上注明领用日期、存款人名称、支票号码以备核查），且加盖单位公章及银行预留印鉴。开户单位将填写好的登记簿、持证人身份证及一张一寸免冠照片送开户行办理领证手续。

（4）购买支票的工本费、手续费每家银行都略有不同，购买支票时所产生的工本费及手续费通常由银行从企业账户里扣除。

（5）身份证。

当然，每家银行的规定会有所差别，出纳人员在办理之前最好咨询清楚，以免给自己的工作带来不便。

5.1.2 支票的使用申请

支票使用人必须填写"支票领用单"（见表5-1），由经办人、部门经理、财务经理、总经理（计外部分）签字后方可由出纳开出。

表5-1 支票领用单

申请人		部门	
用途	备用金		
支票金额			
支票种类		使用日期	
支票领用用途：			

续表

审批栏		
申请人（出纳）签字	财务主管审核	总经理审批
确认栏		
会计签字	出纳签收	支票号码

5.1.3　空白支票的保管

支票是一种支付凭证，一旦填写了有关内容并加盖预留在银行的印鉴后，即可直接从银行提取现金，或与其他单位进行结算。因此，存有空白支票的单位，对空白支票必须严格管理。对空白支票的保管主要注意以下几个方面。

（1）贯彻票、印分管原则，即空白支票和印章应分别指定专人保管，不得由同一人负责保管。

（2）单位撤销、合并、结清账户时，应将剩余的空白支票填列一式两联清单，全部交回银行注销。清单一联由银行盖章后退还交收款人，另一联作为清户传票附件。

（3）对事先不能确定采购物资单价、金额的，经单位领导批准，可将填明收款人名称和签发日期的支票交采购人员，并明确用途和款项限额。使用支票的人员回单位后必须及时向财务部门结算。

（4）设置"空白支票签发登记簿"（见表5-2），经单位领导批准，出纳员签发空白支票后，应在"空白支票签发登记簿"上登记。

表5-2　空白支票签发登记簿

领用日期	支票号码	领用人员	用途	收款单位	限额	批准人	销号日期	备注

5.1.4　支票收款、支票转让、支票报废的管理

出纳员不应只重视空白支票的管理，也应注重从外单位收受的支票的管理与保管，宜建立支票收款登记簿、支票转让登记簿、支票作废登记簿等，如表5-3、表5-4和表5-5所示。

表5-3　支票收款登记簿

序号	支票号	出票银行	出票人	面值	支付经济业务

表5-4　支票转让登记簿

序号	支票号	出票银行	出票日期	出票人或背书人及日期	被背书人及日期	面值

表5-5　支票作废登记簿

序号	支票号	出票日期	作废原因	面值

5.2 发票的管理

5.2.1 发票的领购

5.2.1.1 发票的领购及使用

发票的领购及使用流程如图 5-1 所示。

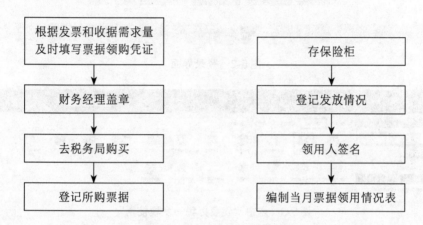

图 5-1 发票的领购及使用流程

5.2.1.2 新办企业发票的申领

新办企业纳税人，需要先到办税大厅办理"发票领购验销登记簿"和办理购票员手续。发票领购时，企业需向主管税务机关报送"发票领购验销登记簿"、载有统一社会信用代码的营业执照和经办人有效身份证件。企业领购增值税发票或机动车销售统一发票时，除报送上述资料外，还需提供税控设备（即金税盘、税控盘或者报税盘）。

5.2.1.3 发票的验旧购新要求

验旧购新是指用票人交验原领购且已使用过的发票存根，经主管税务机关审核无误后，才能领购新发票。另外，交旧购新是指用票人在购买发票时，将手中原领购且已使用完的发票存根上交主管税务机关后，方可领购新发票。

目前，许多地方的发票可以在网上先验旧，然后再持规定的资料、证件去税务大厅购买新发票。所以，出纳员应掌握网上发票验旧的操作方法。

（1）打开本地税务局官网，输入用户名、密码，如图 5-2 所示。

（2）选择我要办税→发票使用，在界面左侧导航栏选择发票验旧缴销→发票验（交）旧，如图 5-3，图 5-4 所示。

图5-2　登录界面

图5-3　点击"我要办税→发票使用"

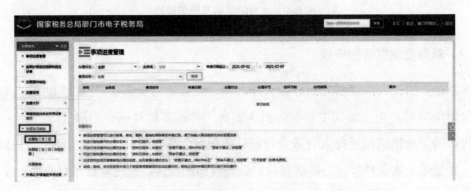

图5-4　点击"发票验旧缴销→发票验（交）旧"

（3）选择要验旧的票种及正确的开具日期，然后点击下面的确认验（交）旧，完成验旧操作，如图5-5所示。

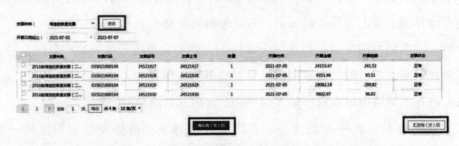

图5-5　查询并点击确认

（4）若待验旧发票较多或者想对指定票号验旧，也可以点击上图右下角的"汇总验（交）旧"，输入发票代码和发票起止号码，以一键验旧。

5.2.2　纳税人开具发票

5.2.2.1　开票系统的使用

（1）谁可以开票

① 增值税一般纳税人。增值税一般纳税人销售货物、提供加工修理修配劳务和发生应税行为，可使用税控发票开票系统开具增值税专用发票、增值税普通发票、机动车销售统一发票、二手车销售统一发票、增值税电子普通发票。

② 小规模纳税人。纳入税控发票开票系统推行范围的小规模纳税人，可使用税控发票开票系统开具增值税普通发票、机动车销售统一发票、二手车销售统一发票、增值税电子普通发票。

纳入增值税小规模纳税人自开增值税专用发票试点的小规模纳税人需要开具增值税专用发票的，可以通过税控发票开票系统自行开具，主管税务机关不再为其代开。纳入增值税小规模纳税人自开增值税专用发票试点的小规模纳税人销售其取得的不动产，需要开具增值税专用发票的，应向税务机关申请代开。

（2）开票系统的使用要求

① 税务总局编写了《商品和服务税收分类与编码（试行）》，并在税控发票开票系统中增加了商品和服务税收分类与编码相关功能。使用税控发票开票系统的增值税纳税人，应使用税控发票开票系统选择相应的商品和服务税收分类与编码，开具增值税发票。

自2018年1月1日起，纳税人通过增值税发票管理税控发票开票系统开具增值税发票时，商品和服务税收分类编码对应的简称会自动显示并打印在发票票面"货物或应税劳务、服务名称"或"项目"栏次中。

② 纳税人应在互联网连接状态下在线使用税控发票开票系统开具增值税发票，税控发票开票系统可自动上传已开具的发票明细数据。

纳税人因网络故障等原因无法在线开票的，在税务机关设定的离线开票时限和离线开具发票总金额范围内仍可开票，超限将无法开具发票。纳税人开具发票次月仍未连通网络上传已开具发票明细数据的，也将无法开具发票。纳税人连通网络上传发票数据后方可开票。若仍无法连通网络的，携带专用设备到税务机关进行征期报税或非征期报税后方可开票。

纳税人已开具未上传的增值税发票为离线发票。离线开票时限是指自第一份离线发票开具时间起开始计算可离线开具的最长时限。离线开票总金额是指可开具离线发票的累计不含税总金额，离线开票总金额按不同票种分别计算。

纳税人离线开票时限和离线开票总金额的设定标准及方法由各省、自治区、直辖市和计划单列市税务局确定。

按照有关规定不使用网络办税或不具备网络条件的特定纳税人，以离线方式开具发票，不受离线开票时限和离线开具发票总金额限制。

5.2.2.2　开具增值税发票的要求

（1）发票内容应按照销售情况如实开具

销售商品、提供服务以及从事其他经营活动的单位和个人，对外发生经营业务收取款项，收款方应当向付款方开具发票；特殊情况下，由付款方向收款方开具发票。

销售方开具增值税发票时，发票内容应按照销售情况如实开具，不得根据购买方要求填开与实际交易不符的内容。销售方开具发票时，通过销售平台系统与增值税发票税控系统后台对接，导入相关信息开票的，系统导入的开票数据内容应与实际交易相符，如不相符，应及时修改完善销售平台系统。

所有单位和从事生产、经营活动的个人在购买商品、接受服务以及从事其他经营活动支付款项时，应当从收款方取得发票。取得发票时，不得要求变更品名和金额。

提醒您

任何单位和个人不得有下列虚开发票行为。

（1）为他人、为自己开具与实际经营业务情况不符的发票。

（2）让他人为自己开具与实际经营业务情况不符的发票。

（3）介绍他人开具与实际经营业务情况不符的发票。

不符合规定的发票，不得作为税收凭证用于办理涉税业务，如计税、退税、抵免等。

🔍【实例1】▸▸▸

卖方未开发票致买方损失，买方赔偿诉求获支持

2013年10月，美缘美公司与利达公司签订购销合同，约定美缘美公司从利达公司采购墨西哥铁矿2万吨，美缘美公司于合同签订后预付货款，双方最终根据相关的品质证书和港口过磅单结算，货款多退少补。

合同签订后，美缘美公司向利达公司预付货款共计2 030万元，利达公司收到预付款后向美缘美公司交付货物2万吨。但利达公司迟迟未向美缘美公司开具增值税专用发票。2014年底，美缘美公司到法院起诉，称利达公司未按照合同约定向其开具增值税发票，使美缘美公司未能抵扣税费，造成损失295万元，请求判令利达公司承担该项损失，并支付相应的利息损失45.9万元。

经查，利达公司未向美缘美公司交付相应发票，美缘美公司因此损失295万元税费抵扣款事实成立。

厦门中院审理后认为，本案所涉及的买卖合同系当事人的真实意思表示、内容形式合法有效，未违反法律、行政法规的禁止性规定。在美缘美公司依约预付货款后，利达公司却未按照合同约定向美缘美公司开具增值税发票，造成美缘美公司损失295万元，应承担损失赔偿责任。据此，法院支持了美缘美公司的诉讼请求。

法官说法：税费抵扣损失应由未开发票一方承担。

未开具发票造成的损失能否作为一项独立诉讼请求是本案的焦点。该案承办法官分析，首先，因未开具发票造成损失请求赔偿的诉讼请求有别于请求开具发票的诉讼请求，前者主要诉求的是经济损失，后者诉求的是交付发票。在民商事案件审判中，比较典型的还有社会保险金的缴纳问题，如果劳动者以用人单位未缴纳社会保险为由提出缴纳社会保险金的诉讼请求，则不予受理。但若其以上述同样事由请求赔偿未缴纳社会保险金的损失时则应予支持。

其次，因卖方未开具发票的过失造成了买方不得不自行代为缴纳税费，为遵守市场的税务管理规定，根据公平原则，买方自行缴纳税费的损失理应由卖方承担，这也是维护诚实信用与保障公平交易秩序的应有之义。

🔍【实例2】▶▶▶

"富余票"虚开以身试法

A手机批发公司在没有真实交易的情况下，为B公司虚开增值税专用发票，按票面金额7%收取开票费。短短几个月时间，A公司老板通过虚开3 000万元增值税专用发票，赚取了开票费210万元。

正在A公司老板高兴之际，税务稽查部门运用大数据分析发现A企业有重大虚开嫌疑，及时启动税警联合办案机制，税警联合成立专案组对A企业开展侦查，迅速掌握了A公司涉嫌虚开的大量证据。经周密部署后，税警部门联合对A公司突击进场检查，在现场查获大量涉嫌虚开的证据。最终证实，A公司无真实交易，为B公司开具与实际经营业务不符的增值税专用发票价税合计达3 000万元。A公司最终被法院判处罚金100万元，公司法定代表人被判处有期徒刑11年。

分析： 利用"富余票"虚开增值税专用发票，触犯了《中华人民共和国刑法》第二百零五条。虚开增值税专用发票罪、骗取出口退税罪、抵扣税款发票罪，税务机关需将案件移送公安机关追究刑事责任，按法律规定判处罚金，并对其直接负责的主管人员和其他直接责任人员进行刑事处罚。

广大企业应守法经营，依法开具发票和申报纳税，切莫以身试法。在日常经营中，企业一方面要坚持依法诚信纳税；另一方面，还要加强企业内部风险控制，管住特殊岗位员工。企业经营者可以定期将业务部门的客户名单与财务部门开具发票的客户名单核对，从中发现异常发票，以杜绝特殊岗位员工利用工作之便私自以企业名义虚开发票的违法行为。

🔍【实例3】▶▶

"普票虚开"违纪违法

某建筑企业的B老板为降低成本，低价从盗采分子手中购买了价值50万元的河沙，因无发票无法入账。B老板偶然间发现了地铁口违法分子派发的"代开发票"小卡片，于是联系了卡片上的彭某。最终B老板以票面金额的1.5%向彭某购买了50万元的增值税普通发票入账材料成本，逃避缴纳企业所得税。

为净化辖区税收营商环境，税警部门联合开展了整治街头派发涉税违法小卡片的专项行动，对在辖区地铁口、过街天桥等重点区域派发涉税违法卡片的犯罪团伙开展专项打击。在行动中，税警部门抓获了在街边派发小卡片的违法人员，通过审讯深挖了涵盖开票、违法介绍开票中介、虚开虚抵等全部违法链条，最终查出涉案虚开骗税企业700余户，涉及虚开发票达5万份，价税合计约20亿元。同时将彭某犯罪团伙一网打尽，并由此查出了B老板让他人为自己虚开发票的违法事实。最终，B老板因让他人为自己虚开发票，被税务机关处以行政处罚并移交公安部门追究刑事责任。

分析： 部分企业抱着普通发票票面金额小、税务机关不会监管等侥幸心理接受虚开普通发票，但是在税务机关日益严密的数据情报监控下，虚开违法无所遁形，铤而走险最终得不偿失。虚开普票（包括让他人为自己虚开增值税普通发票）的后果有，

（1）信用风险，虚开增值税普通发票100份或金额40万元以上达到"重大税收违法失信案件"的标准，纳税信用等级将会被评为D级，相关部门将根据规定实施禁止部分高消费行为、禁止参加政府采购活动等联合惩戒措施。

（2）行政处罚，无论金额大小，都要接受处罚。

（3）刑事处罚，情节严重的（100份以上或累计金额40万元以上；虽未达到上述数额标准，但五年内因虚开发票行为受过行政处罚两次以上，又虚开发票的），予以立案追诉，依法追究刑事责任。

（2）要向销售方提供相关开票资料

增值税纳税人购买货物、劳务、服务、无形资产或不动产，索取增值税专用发票时，应向销售方提供购买方名称（不得为自然人）、纳税人识别号或统一社会信用代码、地址、电话、开户行及账号等信息；不需要提供营业执照、税务登记证、组织机构代码证、开户许可证、增值税一般纳税人资格登记表等相关证件或其他证明材料。

自2017年7月1日起，购买方为企业（包括公司、非公司制企业法人、企业分支机构、个人独资企业、合伙企业和其他企业）的，索取增值税普通发票时，应向销售方提供纳税人识别号或统一社会信用代码；销售方为其开具增值税普通发票时，应在"购买方纳税人识别号"栏填写购买方的纳税人识别号或统一社会信用代码。

（3）开票的时机

纳税人应在发生增值税纳税义务时开具发票。

（4）开票要求

单位和个人在开具发票时，必须做到按照号码顺序填开，填写项目齐全，内容真实，字迹清楚，全部联次一次打印，内容完全一致，并在发票联和抵扣联加盖发票专用章。

开具发票应当使用中文。民族自治的地方可以同时使用当地通用的民族文字。

提醒您

增值税专用发票应按下列要求开具。

（1）项目齐全，与实际交易相符。

（2）字迹清楚，不得压线、错格。

（3）发票联和抵扣联加盖发票专用章。

（4）按照增值税纳税义务的发生时间开具。

不符合上述要求的增值税专用发票，购买方有权拒收。

一般纳税人销售货物、提供加工修理修配劳务和发生应税行为可汇总开具增值税专用发票。汇总开具增值税专用发票的，同时使用税控发票开票系统开具"销售货物或者提供应税劳务清单"，并加盖发票专用章。

（5）不得开具增值税专用发票的情形

属于图5-6所列情形之一的，不得开具增值税专用发票。

情形一	向消费者个人销售货物、提供应税劳务或者发生应税行为的
情形二	销售货物、提供应税劳务或者发生应税行为适用增值税免税规定的，法律法规及国家税务总局另有规定的除外
情形三	部分适用增值税简易征收政策规定的： （1）增值税一般纳税人的单采血浆站销售非临床用人体血液选择简易计税的 （2）纳税人销售旧货，按简易办法依3%征收率减按2%征收增值税的 （3）纳税人销售自己使用过的固定资产，适用按简易办法依3%征收率减按2%征收增值税政策的 纳税人销售自己使用过的固定资产，适用简易办法依照3%征收率减按2%征收增值税政策的，可以放弃减税，按照简易办法依照3%征收率缴纳增值税，并可以开具增值税专用发票
情形四	法律法规及国家税务总局规定的其他情形

图5-6　不得开具增值税专用发票的情形

5.2.2.3　发票的开具管理

出纳员在收款工作中开发票时，必须填写"发票开具清单"，如表5-6所示。

表5-6　发票开具清单

号码	开具日期	付款单位	开具金额	经手人	收款日期	废票/退票/错票	备注

5.2.3　关于发票作废

纳税人在开具增值税专用发票当月，发生销货退回、开票有误等情形，收到退回的发票联、抵扣联符合作废条件的，按作废处理；开具时发现有误的，可即时作废。

作废增值税专用发票须在税控发票开票系统中将相应的数据电文按"作废"处理，在纸质增值税专用发票（含未打印的增值税专用发票）各联次上注明"作废"字样，全联次留存。

图5-7所示情形为发票的作废条件。

条件一	收到退回的发票联、抵扣联，且时间未超过销售方开票当月
条件二	销售方未抄税且未记账
条件三	购买方未认证，或者认证结果为"纳税人识别号认证不符""增值税专用发票代码、号码认证不符"

图5-7　发票的作废条件

5.2.4　需要开具红字增值税专用发票的处理

纳税人开具增值税专用发票后，发生销货退回、开票有误、应税服务中止等情形但不符合发票作废条件，或者因销货部分退回及发生销售折让，需要开具红字增值税专用发票的，按图5-8所示的步骤处理。

（1）购买方取得增值税专用发票已用于申报抵扣的，购买方可在税控发票开票系统中填开并上传"开具红字增值税专用发票信息表"（以下简称"信息表"）。在填开"信息表"时，不填写相对应的蓝字增值税专用发票信息，应暂依"信息表"所列增值税税额从当期进项税额中转出，待取得销售方开具的红字增值税专用发票后，与"信息表"一并作为记账凭证

（2）购买方取得增值税专用发票未用于申报抵扣但发票联或抵扣联无法退回的，购买方填开"信息表"时，应填写相对应的蓝字增值税专用发票信息

（3）销售方开具增值税专用发票尚未交付购买方，以及购买方未用于申报抵扣并将发票联及抵扣联退回的，销售方可在税控发票开票系统中填开并上传"信息表"。销售方填开"信息表"时，应填写相对应的蓝字增值税专用发票信息

主管税务机关通过网络接收纳税人上传的"信息表"，系统自动校验通过后，生成带有"红字发票信息表编号"的"信息表"，并将信息同步至纳税人端系统中

销售方凭税务机关系统校验通过的"信息表"开具红字增值税专用发票，在税控发票开票系统中以销项负数开具。红字增值税专用发票应与"信息表"一一对应

纳税人也可凭"信息表"电子信息或纸质资料到税务机关对"信息表"内容进行系统校验

图5-8　开具红字增值税专用发票的步骤

纳税人需要开具红字发票的，应收回原发票并注明"作废"字样或取得对方的有效证明。

纳税人需要开具红字增值税普通发票的，可以在所对应的蓝字发票金额范围内开具多份红字发票。红字机动车销售统一发票需与原蓝字机动车销售统一发票一一对应。

5.2.5　发票丢失处理

纳税人丢失增值税专用发票的，按图5-9所示方法处理。

办法一　**一般纳税人丢失已开具增值税专用发票的抵扣联，丢失前已认证相符**

可将增值税专用发票发票联复印件留存备查。丢失前未认证的，可使用增值税专用发票发票联认证，将增值税专用发票发票联复印件留存备查

办法二　**一般纳税人丢失已开具增值税专用发票的发票联**

可将增值税专用发票抵扣联作为记账凭证，增值税专用发票抵扣联复印件需留存备查

办法三　**一般纳税人丢失已开具增值税专用发票的发票联和抵扣联**

（1）如果丢失前已认证相符，购买方可将销售方提供的相应增值税专用发票记账联复印件及销售方主管税务机关出具的"丢失增值税专用发票已报税证明单"（以下统称"证明单"），作为增值税进项税额的抵扣凭证

（2）如果丢失前未认证的，购买方凭销售方提供的相应增值税专用发票记账联复印件进行认证。认证相符的，可将增值税专用发票记账联复印件及销售方主管税务机关出具的"证明单"，作为增值税进项税额的抵扣凭证。增值税专用发票记账联复印件和"证明单"需留存备查

图5-9　纳税人丢失增值税专用发票的处理方法

5.2.6　发票违章处理

（1）违反《中华人民共和国发票管理办法》的规定，有下列情形之一的，由税务机关责令改正，可以处1万元以下的罚款；有违法所得的予以没收。

① 应当开具而未开具发票，或者未按照规定的时限、顺序、栏目，全部联次一次性开具发票，或者未加盖发票专用章的。

② 使用税控装置开具发票，未按期向主管税务机关报送开具发票数据的。

③ 扩大发票使用范围的。

④ 以其他凭证代替发票使用的。

⑤ 跨规定区域开具发票的。

⑥ 未按照规定缴销发票的。

⑦ 未按照规定存放和保管发票的。

（2）跨规定的使用区域携带、邮寄、运输空白发票，以及携带、邮寄或者运输空白发票出入境的，由税务机关责令改正，可以处1万元以下的罚款；情节严重的，处1万元以上3万元以下的罚款；有违法所得的予以没收。

丢失发票或者擅自损毁发票的，依照前款规定处罚。

（3）违反《中华人民共和国发票管理办法》第二十二条第二款的规定虚开发票的，由税务机关没收违法所得；虚开金额在1万元以下的，可以并处5万元以下的罚款；虚开金额超过1万元的，并处5万元以上50万元以下的罚款；构成犯罪的，依法追究刑事责任。

非法代开发票的，依照前款规定处罚。

（4）有下列情形之一的，由税务机关处1万元以上5万元以下的罚款；情节严重的，处5万元以上50万元以下的罚款；有违法所得的予以没收。

① 转借、转让、介绍他人转让发票、发票监制章和发票防伪专用品的。

② 知道或者应当知道是私自印制、伪造、变造、非法取得或者废止的发票而受让、开具、存放、携带、邮寄、运输的。

（5）违反发票管理法规情节严重构成犯罪的，税务机关应当依法移送司法机关处理。

（6）一般纳税人有图5-10所示情形之一的，不得使用增值税专用发票。

情形一	会计核算不健全，不能向税务机关准确提供增值税销项税额、进项税额、应纳税额数据及其他有关增值税税务资料的。其他有关增值税税务资料的内容，由省、自治区、直辖市和计划单列市税务局确定
情形二	应当办理一般纳税人资格登记而未办理的
情形三	有《中华人民共和国税收征收管理法》规定的税收违法行为，拒不接受税务机关处理的
情形四	有下列行为之一，经税务机关责令限期改正而仍未改正的： （1）虚开增值税专用发票 （2）私自印制增值税专用发票 （3）向税务机关以外的单位和个人买取增值税专用发票 （4）借用他人增值税专用发票 （5）未按《增值税专用发票使用规定》第十一条开具增值税专用发票 （6）未按规定保管增值税专用发票和专用设备 （7）未按规定申请办理防伪税控系统变更发行 （8）未按规定接受税务机关检查

图5-10　不得使用增值税专用发票的情形

有上述情形的，如已领取增值税专用发票，主管税务机关应暂扣其结存的增值税专用发票和税控专用设备。

5.2.7 代开发票

代开发票是指由税务机关根据收款方（或提供劳务服务方）的申请，依照法规、规章以及其他规范性文件的规定，代为向付款方（或接受劳务服务方）开具发票以及作废代开发票的行为。

5.2.7.1 代开发票范围

（1）可以申请代开增值税专用发票的情形

已办理税务登记的小规模纳税人（包括个体工商户）以及国家税务总局确定的其他可予代开增值税专用发票的纳税人，发生增值税应税行为，可以申请代开增值税专用发票。

（2）可以向税务机关申请代开增值税普通发票的情形

有图5-11所示情形之一的，可以向税务机关申请代开增值税普通发票。

情形一	被税务机关依法收缴发票或者停止发售发票的纳税人，取得经营收入需要开具增值税普通发票的
情形二	正在申请办理税务登记的单位和个人，其自领取营业执照之日起至取得税务登记证件期间发生的业务收入需要开具增值税普通发票的
情形三	应办理税务登记而未办理的单位和个人，主管税务机关应当依法予以处理，在补办税务登记手续后，其自领取营业执照之日起至取得税务登记证件期间发生的业务收入需要开具增值税普通发票的
情形四	依法不需要办理税务登记的单位和个人，临时取得收入，需要开具增值税普通发票的

图5-11 可向税务机关申请代开增值税普通发票的情形

（3）不得向税务机关申请代开增值税专用发票的情形

不得向税务机关申请代开增值税专用发票的情形如表5-7所示。

表5-7 不得到税务机关代开增值税专用发票的情形

序号	不得开具增值税专用发票	文件依据
1	购买方为消费者个人的	《中华人民共和国增值税暂行条例》
2	不征税项目	总局公告2017年45号

续表

序号	不得开具增值税专用发票	文件依据
3	销售免税货物，法律法规及国家税务总局另有规定的除外（如国有粮食购销企业销售免税农产品可开）	国税发〔2006〕156 号
4	实行增值税退（免）税办法的增值税零税率应税服务不得开具增值税专用发票	总局公告 2014 年 11 号
5	出口货物、劳务除输入特殊区域的水电气外，出口企业和其他单位不得开具增值税专用发票	总局公告 2012 年 24 号
6	纳税人 2016 年 5 月 1 日前发生的营业税涉税业务	总局公告 2017 年 11 号
7	销售自己使用过的固定资产，适用简易办法依 3% 征收率减按 2% 征收增值税政策的	国税函〔2009〕90 号、财税〔2009〕9 号，财税〔2014〕57 号
8	纳税人销售旧货	国税函〔2009〕90 号、财税〔2014〕57 号
9	零售的烟、酒、食品、服装、鞋帽（不包括劳保专用部分）、化妆品等消费品	国税发〔2006〕156 号
10	单采血浆站销售非临床用人体血液	国税函〔2009〕456 号，总局公告 2014 年 36 号
11	提供劳务派遣服务选择差额纳税的，向用工单位收取用于支付劳务派遣员工工资、福利和为其办理社会保险及住房公积金的费用	总局公告 2016 年 47 号
12	提供安全保护服务选择差额纳税的，向用工单位收取用于支付安全保护员工工资、福利和为其办理社会保险及住房公积金的费用	总局公告 2016 年 47 号，总局公告 2016 年 68 号
13	金融商品转让	财税〔2016〕36 号附件 2
14	经纪代理服务，向委托方收取的政府性基金或者行政事业性费用	财税〔2016〕36 号附件 2
15	选择继续按照有形动产融资租赁服务缴纳增值税的，向承租方收取的有形动产价款本金	财税〔2016〕36 号附件 2
16	试点纳税人提供旅游服务，向旅游服务购买方收取并支付费用	财税〔2016〕36 号附件 2
17	纳税人提供人力资源外包服务，向委托方收取并代为发放的工资和代理缴纳的社会保险、住房公积金	财税〔2016〕47 号
18	境外单位通过教育部考试中心及其直属单位在境内开展考试，代为收取并支付给境外单位的考试费	总局公告 2016 年 69 号
19	纳税人提供签证代理服务，向服务接受方收取并代为支付的签证费、认证费	总局公告 2016 年 69 号
20	纳税人代理进口按规定免征进口增值税的货物，向委托方收取并代为支付的款项	总局公告 2016 年 69 号

其中，不征税项目如表5-8所示。

表5-8　不征税项目

编码	不征税项目	释义
6	未发生销售行为的不征税项目	指纳税人收取款项但未发生销售货物、应税劳务、服务、无形资产或不动产的情形
601	预付卡销售和充值	单用途卡发卡企业或者售卡企业销售单用途卡，或者接受单用途卡持卡人充值取得的预收资金，不缴纳增值税
		支付机构销售多用途卡取得的等值人民币资金，或者接受多用途卡持卡人充值取得的充值资金，不缴纳增值税（总局公告2016年第53号）
602	销售自行开发的房地产项目预收款	收取预收款时纳税义务未发生［财税〔2016〕36号附件1（实施办法）］
603	已申报缴纳营业税未开票补开票	在地税机关已申报营业税未开具发票的，补开增值税普通发票
604	代收印花税	非税务机关等其他单位为税务机关代收的印花税
605	代收车船使用税	代收车船税，代收行为不缴增值税
606	融资性售后回租承租方出售资产	融资性售后回租业务是指承租方以融资为目的将资产出售给经批准从事融资租赁业务的企业后，又将该项资产从该融资租赁企业租回的行为。融资性售后回租业务中承租方出售资产时，资产所有权以及与资产所有权有关的全部报酬和风险并未完全转移（总局2010年第13号公告）
607	资产重组涉及的不动产	在资产重组过程中，通过合并、分立、出售、置换等方式，将全部或者部分实物资产以及与其相关联的债权、负债和劳动力一并转让给其他单位和个人，其中涉及的不动产、土地使用权转让行为（财税〔2016〕36号附件2）
608	资产重组涉及的土地使用权	
609	代理进口免税货物货款	纳税人代理进口按规定免征进口增值税的货物，其销售额不包括向委托方收取并代为支付的货款。向委托方收取并代为支付的款项，不得开具增值税专用发票，可以开具增值税普通发票（总局公告2016年69号）
610	有奖发票奖金支付	未发生销售行为
611	不征税自来水	原对城镇公共供水用水户在基本水价（自来水价格）外征收水资源费的试点省份，在水资源费改税试点期间，按照不增加城镇公共供水企业负担的原则，城镇公共供水企业缴纳的水资源税所对应的水费收入，不计征增值税，按"不征税自来水"项目开具增值税普通发票（总局公告2016年47号）
612	建筑服务预收款	收取预收款时纳税义务未发生（财税〔2017〕58号）

5.2.7.2　代开发票种类

税务机关使用税控发票开票系统代开增值税专用发票和增值税普通发票。代开增值税专用发票使用六联票，代开增值税普通发票使用五联票。

纳税人销售其取得的不动产和其他个人出租不动产申请代开增值税专用发票，第四联由代开发票岗位留存，以备发票扫描补录；第五联交征收岗位留存，用于代开发票与征收税款的定期核对；其他联次交纳税人。纳税人因其他业务申请代开增值税专用发票的，第五联由代开发票岗位留存，以备发票扫描补录；第六联交税款征收岗位，用于代开发票税额与征收税款的定期核对；其他联次交增值税纳税人。

税务机关代开发票部门通过税控发票开票系统代开增值税发票，系统自动在发票上打印"代开"字样。

5.2.7.3　税务机关代开发票需要缴纳哪些税

代开增值税专用发票都要缴税。一般来说，零散个人临时经营申请代开增值税发票，可能需要缴纳的税种包括增值税、城市维护建设税、教育费附加、地方教育附加、水利建设基金和个人所得税等，有的还需要缴纳城镇土地使用税、房产税、土地增值税、印花税、消费税，具体税种及税率如表5-9所示。

表5-9　税务机关代开发票要缴纳的税种及税率

序号	税种	税率
1	增值税	（1）代开普通发票如果是免税项目则不缴税。个人按次纳税的，每次代开销售额不超过500元的不缴税。小规模纳税人当月代开发票金额、自领发票开具金额及其他未开票收入累计不超过10万，季度代开累计不超过30万免缴税。对于按次纳税和按期纳税，实际执行时，各地不大统一，一般对于未办证的凭身份证代开的自然人，每次代开销售额不超过500元的不缴税，超过500元的要缴税。对于个人代理人汇总代开以及组织临时登记户享受按月10万按季30万政策，如电信、旅游、保险等汇总代开的，还有各类村委会、事业单位办组织临时登记的，按季享受
		（2）其他个人采取一次性收取租金的形式出租不动产，取得的租金收入可在租金对应的租赁期内平均分摊，分摊后的月租金收入不超过10万元的，可享受小微企业免征增值税优惠政策。个体工商户和其他个人出租住房，按照5%的征收率减按1.5%计算应纳税额
		（3）光伏发电项目发电户（其他个人和不经常发生应税行为的非企业性单位），销售电力产品时可以享受小规模纳税人月销售额10万元以下免税政策
2	消费税	根据《国家税务总局关于印发〈调整和完善消费税政策征收管理规定〉的通知》（国税发〔2006〕49号）规定，主管税务机关在为纳税人代开增值税专用发票时，应同时征收消费税

序号	税种	税率
3	城建税	（1）零散个人代开增值税发票，没有增值税的，就没有城建税；缴纳了增值税的，就有城建税 （2）代开发票地点在市区的，税率为7%；在县城、镇的，税率为5%；不在市区、县城或镇的，税率为1% （3）小规模纳税人可享受减半优惠
4	教育费附加	（1）以各单位和个人实际缴纳的增值税、消费税的税额为计征依据，教育费附加率为3%。按月纳税的，月销售额或营业额不超过10万元（按季度纳税的，季度销售额或营业额不超过30万元）的缴纳义务人免征 （2）小规模纳税人可享受减半优惠
5	地方教育附加	（1）以各单位和个人实际缴纳的增值税、消费税的税额为计征依据，地方教育附加率为2%。按月纳税的，月销售额或营业额不超过10万元（按季度纳税的，季度销售额或营业额不超过30万元）的缴纳义务人免征 （2）小规模纳税人可享受减半优惠
6	土地增值税	（1）代开转让不动产发票时，需要按照《土地增值税暂行条例》及其实施细则等文件计算缴纳土地增值税 （2）对于个人销售住房，暂免征收土地增值税
7	个人所得税	存在着较大的行业和地区差异： （1）自然人经营所得，代开发票按照开票销售额的一定比率（征收率或附征率，一般是1%或1.5%）核定计算个人所得税；自然人纳税人取得劳务报酬、稿酬和特许权使用费申请代开发票的，部分税务机关以及接受税务机关委托代开发票的单位为其代开发票时，不再征收上述所得应缴纳的个人所得税，由扣缴义务人按照税法规定依法履行预扣预缴义务，并办理个人所得税全员全额扣缴申报；对个人出租房产的个人所得税一般采取据实征收和核定征收两种方式 （2）采取据实征收的，个人出租住房，按10%的税率征收个人所得税；个人出租非住房，按20%的税率征收个人所得税；个人转让房产的所得属于"财产转让所得"项目，以房产转让收入减除房产原值和合理费用后的余额为应纳税所得，适用20%的比例税率 （3）对于个人未提供完整、准确的房产原值凭证，不能正确计算房产原值和应纳税额的，按照房产转让收入和规定的征收率计算个人所得税，即应纳税额=房产转让收入×征收率 （4）对于个人转让自用5年以上并且是家庭唯一生活用房的所得，免征个人所得税
8	房产税	（1）代开出租不动产发票时，需要缴纳出租房产的房产税。对于享受减征、免征增值税优惠的纳税人，确定计税依据时，成交价格、租金收入、转让房地产取得的收入不扣减增值税额 （2）对于个人出租住房，不区分用途，按4%的税率征收房产税 （3）小规模纳税人可享受减半优惠

序号	税种	税率
9	城镇土地使用税	（1）代开出租不动产发票时，需要缴纳城镇土地使用税 （2）对于个人出租住房，不区分用途，免征城镇土地使用税 （3）小规模纳税人可享受减半优惠
10	印花税	（1）对于从事购销、加工、承揽、仓储、运输、技术等业务的零散个人，申请开具发票时，还可能需要附征印花税 （2）小规模纳税人可享受减半优惠 （3）对于个人销售或购买住房，暂免征收印花税

5.2.7.4　代开发票办理流程

（1）提交"代开增值税发票缴纳税款申报单"。

（2）自然人申请代开发票，提交身份证件及复印件。

其他纳税人申请代开发票，提交加载统一社会信用代码的营业执照、经办人身份证件及复印件。

（3）申报缴纳增值税等有关税费。

（4）领取发票。

5.2.7.5　税务机关代开发票具体规定

（1）开具发票

税务机关代开发票岗位应按下列要求填开增值税发票。

①"单价"和"金额"栏分别填写不含增值税税额的单价和销售额。

②"税率"栏填写增值税征收率。

③"销售方名称"栏填写代开税务机关名称。

④"销售方纳税人识别号"栏填写代开税务机关的统一代码。

⑤"销售方开户行及账号"栏填写税收完税凭证字轨及号码或系统税票号码（免税代开增值税普通发票可不填写）。

⑥"备注"栏内注明纳税人名称和纳税人识别号。税务机关为跨县（市、区）提供不动产经营租赁服务、建筑服务的小规模纳税人（不包括其他个人）代开增值税发票时，在发票"备注"栏中自动打印"YD"字样。税务机关为纳税人代开建筑服务发票时，应在发票的"备注"栏注明建筑服务发生地县（市、区）名称及项目名称。税务机关为个人保险代理人汇总代开增值税发票时，应在"备注"栏内注明"个人保险代理人汇总代开"字样。税务机关为出售或出租不动产项目代开发票时，应在"备注"栏注明不动产的详细地址。

代开增值税普通发票的，购买方为自然人或符合下列4项条件之一的单位（机构），纳税人识别号可不填写。

（1）我国在境外设立的组织机构。

（2）非常设组织机构。

（3）组织机构的内设机构。

（4）军队、武警部队的序列单位等。

（2）加盖印章

增值税纳税人应在代开增值税专用发票的备注栏，加盖本单位的发票专用章（为其他个人代开的特殊情况除外）。税务机关应在代开的增值税普通发票以及为其他个人代开的增值税专用发票的备注栏，加盖税务机关代开发票专用章。

增值税小规模纳税人月销售额不超过3万元（按季纳税9万元）的，当期因代开增值税专用发票已经缴纳的税款，在增值税专用发票全部联次追回或者按规定开具红字增值税专用发票后，可以向主管税务机关申请退还。

5.2.7.6　代开发票填写错误、销货退回或销售折让等情形的处理

（1）代开发票填写错误、销货退回或销售折让等情形的处理如图5-12所示。

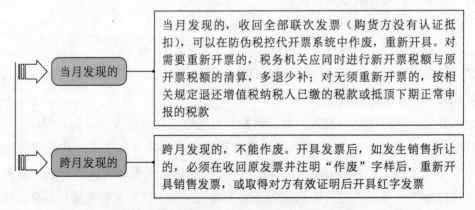

图5-12　代开发票填写错误、销货退回或销售折让等情形的处理

（2）如果是普通发票，到代开税务机关开具红字普通发票，可以在所对应的蓝字发票金额范围内开具多份红字发票。红字机动车销售统一发票需与原蓝字机动车销售统一

发票一一对应。

（3）如果是增值税专用发票，处理方式如图5-13所示。

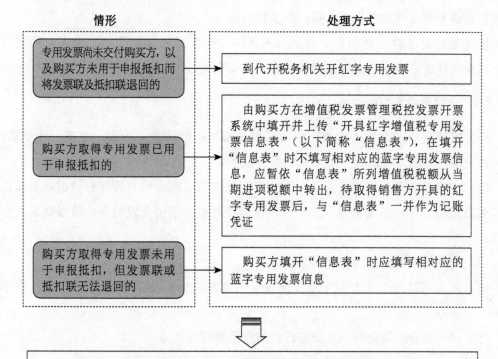

图5-13　代开增值税专用发票的处理

5.2.8　收到发票的审核

5.2.8.1　原始凭证不局限于发票

（1）发票是盖有税务监制章的，但不能说没有盖税务监制章的凭证都不合规。

盖有财政监制章的行政事业单位的统一收据，没有盖税务监制章的汽车票、火车票及飞机票，医院使用的专用收据等，都合规。

（2）境外出差，"形式发票"也是可以作为报销凭证的。

（3）如合同纠纷诉讼至法院，法院的判决及裁决书也是可以作为入账凭证的。

（4）在自制原始凭证中，如借款单，也是可以作为付款依据的。

5.2.8.2 "白条"入账要合规

"白条"财务上指非正式单据，即以不合法的便条、不合规的单据来充当原始凭证。如果以内容不真实的"白条"入账，则是违法行为。

但某些特定条件下是允许"白条"入账的，如在对外经营活动中确实无法取得发票，从真实性原则出发，允许以相关的自制凭证来入账。

5.2.8.3 全面审核发票的内容

（1）审核发票的名称、类型、填制日期和编号、经济业务内容、数量、计量单位、单价和金额、填制单位名称、经办人的签名及盖章等。

（2）在审核发票时需注意发票上需要写明单位的全称，但也要区分情况，必须以个人实名登记的发票，如飞机票、火车票、住宿费发票、手机费发票等，可以认定为合规发票。

（3）发票的类型是否按合同要求提供。

（4）加盖的是否是发票专用章（部分电子发票除外），而不是财务专用章，更不是公章、合同章。

（5）对于部分经济业务，发票备注栏信息是否符合要求。

5.2.8.4 发票也有时效性（特别是跨年前后几个月）

（1）费用已预提并在当年入账，但当年未取得发票；根据国家税务总局2011年第34号公告，实务中在当年所得税预缴时可按账面发生额核算，但需要在下年度所得税汇算清缴前取得发票，否则要进行所得税纳税调增处理。

（2）当年取得了发票但未在当年入账，即跨年入账；从会计核算真实性原则出发，根据影响程度的高低，要么在下年度费用中列支，要么通过"以前年度损益调整"科目进行调整。

是否可以在所得税前扣除？根据国家税务总局2012年第15号公告，对于企业发现以前年度实际发生的、按照税收规定应在企业所得税税前扣除而未扣除或者少扣除的支出，企业作出专项申报及说明后，准予追补至该项目发生年度计算扣除，但追补确认期限不得超过5年。

5.2.8.5 查询发票的真伪

定期及不定期地在税务网站或通过当地的纳税服务中心及本地主管税务机关等查询发票的真伪，可以减少或杜绝假发票。

备注：能查到发票信息，不代表发票一定没问题（如失控发票、套打发票、异常发票等），还要查询其他的证据资料。

5.2.8.6　发票是否与真实业务匹配

（1）经济业务根本没发生，而是假借所得发票（有可能是买的假发票）报销付款。

（2）业务真实发生，但发票的内容被变更，比如品种。

（3）真实发票遗失了，从而找一张其他类型的发票替代入账。

《中华人民共和国会计法》规定，企业必须按照国家统一的会计制度的规定对原始凭进行审核，对不真实、不合法的原始凭证不予接受，并向单位负责人报告。《发票管理办法》中也规定，不符合规定的发票不作为财务报销凭证，任何单位和个人有权拒收。

5.2.8.7　注意发票号码是否"紧密相连"

如果报销付款中连续出现多张连号发票，则该发票可能不符合业务的真实性。

另外，企业应结合整体经济业务，保留重要的证据链条。

5.2.9　发票的保管

（1）空白发票的保管

空白发票必须由专人负责保管，存放在独立的位置，并按要求配置安全设施。

纳税人购领回的空白发票以下个月或一个季度的用量为宜，需要时，向税务机关验旧购新。对购领回的发票要设专柜存放，指定专人进行管理，以确保发票的安全。

空白发票不得带出单位使用，不得转借、赠送或买卖；作废的发票应加盖"作废"戳记，并连同存根一起保管，不得撕毁、丢失。

另外，出纳员对每月的发票领用情况要列表登记，如表5-10所示。

表5-10　当月发票领用情况表

序号	发票号	开票日期	客户单位	开票金额	领票人	领票日期
合计						

（2）发票存根的保管

已使用过的发票存根应妥善保管，时间为5年。在保管期间，任何单位和个人都不得私自销毁。还应设专柜分期、分种类放置发票存根，并向税务机关报送。

（3）作废发票的保管

作废发票多种多样，对不同的作废发票，应当分别采取不同的管理办法，如图5-14所示。

方法一	开具发票过程中出错造成发票作废

对于开票人员工作失误或其他原因开错的发票，应当在发票上加盖"作废"戳记，重新开具发票，不得在开错的发票上涂改。开错的"作废"发票必须将全部联次妥善保管，并粘贴在原发票存根上，不得私自销毁，以备查核

方法二	政策调整或变化造成发票作废

税务机关实行发票统一换版或政策发生变化，一般会规定一个过渡期，在过渡期内，新旧发票可以同时使用，到期后，旧版发票全部作废，由税务机关组织全面清理和收缴

图5-14　作废发票的保管办法

5.2.10　丢失发票的处理

《中华人民共和国发票管理办法实施细则》规定，使用发票的单位和个人应当妥善保管发票。发生发票丢失情形时，应当于发现丢失当日书面报告税务机关，并登报声明作废。

丢失发票的情况分为三种：发票未开出时丢失、发票已开出但未认证时丢失、发票已开出且已认证时丢失，以下介绍这三种丢失情况的处理办法。

5.2.10.1　发票未开出时丢失

（1）应于事发当日书面报告税务机关，报告内容包括专用发票份数、字轨号码、盖章与否等。

（2）在相关报纸上刊登"遗失声明"。

（3）使用防伪税控系统开票的一般纳税人，还应持IC卡到税务机关办理电子发票退回手续。

5.2.10.2　发票已开出但未认证时丢失

这种情形下又分为三种情况，不同情况的处理方式如表5-11所示。

表5-11　发票已开出但未认证时丢失的处理方式

序号	情况		处理方式
1	丢失发票联		（1）使用专用发票抵扣联到主管税务机关（正常）认证 （2）将专用发票抵扣联作为记账凭证 （3）将专用发票抵扣联复印件留存备查
2	丢失抵扣联		（1）使用专用发票的发票联到主管税务机关（正常）认证 （2）将专用发票的发票联作为记账凭证 （3）将专用发票的发票联复印件留存备查
3	丢失发票联和抵扣联	购买方	（1）购买方凭销售方提供的相应专用发票记账联复印件到主管税务机关进行认证 （2）销售方所在地主管税务机关出具"丢失增值税专用发票已报税证明单" （3）认证相符的，该专用发票记账联复印件及销售方所在地主管税务机关出具的"丢失增值税专用发票已报税证明单"，经购买方主管税务机关审核同意后，可作为增值税进项税额的抵扣凭证
		开票方	（1）提供发票复印件 （2）开票方税务局开具"丢失增值税专用发票已报税证明单" （3）将两者交由收票方主管税务机关审核，同意后，可作为增值税进项税额的抵扣凭证

5.2.11　发票已开出且已认证时丢失

这种情形下分为下列三种情况，不同情况的处理方式如表5-12所示。

表5-12　发票已开出且已认证时丢失的处理方式

序号	情况	处理方式
1	丢失发票联	（1）将专用发票抵扣联作为记账凭证 （2）将专用发票抵扣联复印件留存备查
2	丢失抵扣联	将专用发票的发票联复印件留存备查
3	丢失发票联和抵扣联	（1）开票方需要复印发票复印件，并由开票方税务局开具"丢失增值税专用发票已报税证明单" （2）由收票方主管税务机关审核同意后，可作为增值税进项税额的抵扣凭证

5.2.12　关于电子发票

电子发票是信息时代的产物，同普通发票一样，采用税务局统一的形式，发票号码采用全国统一编码，采用统一防伪技术，分配给商家，在电子发票上附有电子税局的签名机制。电子发票一般为PDF格式文件，可以供纳税人下载并储存到手机、U盘等电子存储设备中，需要时，纳税人可用PDF软件进行浏览、打印。

5.2.12.1 什么样的纳税人可以用电子发票

凡是使用增值税发票管理新系统开具增值税普通发票的纳税人，均可选择使用电子发票。他们可根据经营需求自主选择增值税普通发票或增值税电子发票。

5.2.12.2 电子发票如何验旧、缴销

使用增值税电子普通发票的纳税人仍然按照"验旧领新"的原则验旧发票，只是验旧时不再提供已开具的纸质发票，只需要保证开具的发票数据已上传至税务机关即可，纳税人也可以在当地电子税务局进行网上验旧核销。

电子发票验旧，登录电子税务局，在发票验旧页面勾选电子发票提交即可，以下是具体操作步骤。

（1）打开网页，先点击我要办税，再点击发票使用，如图5-15所示。

图5-15 点击发票使用

（2）点击发票验旧缴销后，再点击发票验旧，如图5-16所示。

图5-16 点击发票验旧

（3）点击发票验旧，选择电子发票，输入起止日期，点击查询，如图5-17所示。

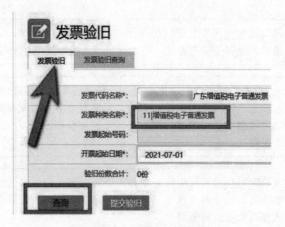

图5-17　点击查询界面

（4）勾选电子发票，点击提交验旧，如图5-18。

图5-18　点击提交验旧界面

5.2.12.3　如何做好电子发票管控

（1）电子发票的报销办法主要有图5-19所示的两种。

接收开票方通过增值税电子开票系统开出的增值税电子普通发票的开票信息，打印成增值税电子普通发票的版式文件作为报销附件，用传统办法粘贴报销

接收开票方通过增值税电子开票系统开出的增值税电子普通发票的开票信息，将电子发票信息保存在适当的媒介中，报销凭证上注明电子发票的存放地点及进入路径。这是最新的一个规定，所以需要好好斟酌一下是否采用这一方法。2016年，财政部、国家档案局联合公布的《会计档案管理办法》中已明确了电子会计档案的法律地位，只要满足该办法规定的条件，电子发票的开票方或受票方，可仅以电子形式对发票进行归档保存。开票方或受票方需要纸质发票的，可以自行打印增值税电子普通发票的版式文件

图5-19　电子发票的报销办法

（2）怎样保证不出现重复报销，具体办法如图5-20所示。

财务部可以对电子发票进行统计，以发票号码作为标识，这样就能避免重复报销。还有个简易方法，可以在报销系统增加电子发票号码字段

使用Excel表格制作台账，把所有电子发票的发票编码统一在Excel表格中，从中筛选排除相同的发票编码，可防范电子发票重复报销。也可以增加电子发票校验和鉴伪功能，如输入发票编码即可判断发票的真假和是否为重复发票

电子发票除在报销系统中应用中外，还可以结合企业内部的ERP、CRM等系统，将发票资料全部电子化集中处理，发票的管理变得简单了，也将大大提高企业运转效率

也可以一刀切，凡是涉及电子发票的报销，不允许以纸质发票报销，以防篡改发票信息。这样也可以从根源上规避造假和重复。

图5-20　保证不出现重复报销的办法

（3）电子发票报销程序如图5-21所示。

第一步　报销经手人自行打印电子发票作为报销的原始票据，电子发票有相关明细及附件的，随电子发票一并附上作为报销的原始凭据

第二步　报销经手人在网报系统中准确录入电子发票的12位发票代码及8位发票号码，未录入电子发票号或错误录入电子发票号将不能正常报销

第三步　报销经手人自行在税务局网站查验电子发票真伪信息，并承诺没有重复报销电子发票，报销经手人及经费负责人对经济业务及电子发票的真实性负责

第四步　员工每个月底递交上个月发票，最迟不能超过两个月的报销时间

图5-21　电子发票报销程序

提醒您

公司相关部门将对报销的电子发票进行抽查核实，并自动记录已报销的电子发票号，对报销虚假电子发票及重复报销电子发票的情况，一经发现，将依规追究有关人员责任。

5.3　有价证券的保管

有价证券是指具有一定票面价格，能够给其持有人定期带来收入的所有权或债权凭证。企业持有的有价证券是企业资产的一个组成部分，具有与现金相同的性质和价值。

5.3.1　有价证券的类别

企业拥有的有价证券通常包括国库券、特种国债、国家重点建设债券、地方债券、金融债券、企业债券和股票等。从广义上说，有价证券还包括汇票、支票、提货单等。

5.3.2　有价证券的保管要求

由于有价证券能够变现，具有与现金相同的性质和价值，所以，企业持有的有价证券必须由出纳员按照与货币资金相同的要求进行管理，如图 5-22 所示。

要求一　**实行账证分管**

账证分管就是指由会计部门管账、出纳部门管证，这样可以互相牵制、互相核对

要求二　**按货币资金的管理要求进行管理**

有价证券的变现能力很强，具有与现金相同的性质和价值。所以，企业持有的有价证券（包括记名的和不记名的）必须由出纳员按照与货币资金相同的要求进行管理。有价证券除法人认购的股票外，一般是不记名的，所以在保管上难度较大。出纳员有保管现金的经验，并具有保护其安全的客观条件，因此是保管企业有价证券的最佳人选。有价证券必须由出纳员分类整齐地摆放在保险柜内，切忌由经办人自行保管。此外，出纳员还要随时或定期进行抽查与盘点。出纳员对自己保管的各种有价证券的面额和号码应保密

要求三　**专设出纳账进行详细核算**

出纳员对自己负责保管的各种有价证券，要专设出纳账进行详细核算，并由总账会计的总分类账进行控制。如设置"长期股权投资——股票投资（××企业）""长期债权投资——债券投资（××食品）"等长期投资明细账，在总账"长期股权投资"和"长期债权投资"的控制下，由出纳员进行登记，并定期出具收、付、存报告单。出纳部门的有价证券明细账要按证券种类分设户头，所记金额应与总账会计相一致，当账面金额与证券面值不一致时，应在摘要栏内注明证券的批次、面值和张数。必要时，还可以设置辅助登记簿进行补充登记

图 5-22

要求四 ▷ **非出纳员使用有价证券**

当业务人员提取有价证券时，出纳员应要求其办理类似现金借据的正规手续，并以此作为支付凭证。业务办理完毕后，业务人员应交还有价证券，并由出纳在借据上加盖注销章后退还出具人

要求五 ▷ **核对有关部门公布的中签号码**

按中签号码还本付息时，或中签号码与证券持有人有其他关联时，业务经办人和出纳保管人应注意经常核对有关部门公布的中签号码

要求六 ▷ **建立有价证券购销明细表**

为了及时掌握各种证券的到期时间，出纳员可以通过编制"有价证券购销明细表"来避免失误，"有价证券购销明细表"详细标明了各种有价证券的购入与到期时间；也可以通过同时按证券种类和批次设置明细账并在摘要栏注明到期日的办法，来提供有价证券的购销时间

图5-22 有价证券的保管要求

有价证券购销明细表如表5-13所示。

表5-13 有价证券购销明细表

发行年度	期次	面额	利率	张数	号码		合计金额	兑换日期			兑换本息		
					起	止		年	月	日	本金	利息	合计

5.4 商业汇票的管理

有的企业，利用商业汇票结算的业务比较多，最好建立"应付票据登记簿"和"应收票据登记簿"，对每一笔应付票据和应收票据业务进行详细登记，以便到期时及时结清货款和收回款项。

5.4.1 应收票据的管理

5.4.1.1 应收票据管理的基本要求

应收票据管理的基本要求如图5-23所示。

要求一	企业应设专人（通常是出纳员）保管应收票据，且保管人员不得经办会计记录
要求二	对于已贴现的票据，应在备查簿中登记，以便日后追踪管理
要求三	对于即将到期的应收票据，应及时向付款人提出付款
要求四	企业应设置"应收票据备查簿"，出纳员收到应收票据时逐笔登记每一张应收票据的种类、号数和出票日期、票面金额、交易合同号，以及付款人、承兑人、背书人的姓名或单位名称，到期日期和利率，贴现日期、贴现率和贴现净额，收款日期和收回金额等资料。应收票据到期结清票款后，应在"应收票据备查簿"内逐笔注销

图5-23 应收票据管理的基本要求

5.4.1.2 收到应收票据的出纳作业

（1）出纳员收到票据时应视同现金予以保管，未经授权，任何人员不得接触。

（2）出纳员将收到的票据记入"应收票据登记表"（见表5-14），同时对票据的真实性进行鉴定，发现问题应立即通知经办人员与客户联系处理。

表5-14 应收票据登记表

收票日期	票据基本情况					承兑人名称	背书人名称	贴现	承兑	转让		经办人（签章）	备注
	票据号	出票人名称	出票日	到期日	票面金额					日期	被背书人名称		

（3）出纳员收到票据后，无论是否贴现或背书，均需将相关单据交给经办会计制作记账凭证。

（4）如果是银行承兑汇票，应在收到票据后一个工作日内将汇票送往承兑行进行查询和鉴定，发现问题应立即通知经办人员与客户联系处理。

（5）审计室就应收票据实物与应收票据登记表每年进行不少于六次的不定期盘点和检查，并填写"应收票据盘点表"（见表5-15）；若有差异，则需查出原因，以防丢失。

表5-15　应收票据盘点表

单位名称：

票据盘点情况：

序号	出票日期	票据种类	出票单位	前手单位	到期日	金额	备注

盘点日期：　　　　　　　　　　监盘人：　　　　　　　　　　盘点人：

5.4.1.3　应收票据兑现的主要作业

（1）应收票据到期后，出纳员负责到银行兑现。

（2）应收票据兑现后，出纳员应更新"应收票据登记表"的资料，并将相关单据交给经办会计制作记账凭证。

5.4.1.4　应收票据贴现的主要作业

（1）应收票据在未到期之前，公司因资金需求，可到银行申请办理贴现业务。

（2）应收票据贴现，由总会计师通知出纳员到银行办理。

（3）应收票据贴现后，出纳员应更新"应收票据登记表"的内容，并将相关单据交给经办会计制作记账凭证。

5.4.1.5　应收票据背书转让的主要作业

（1）应收票据在未到期之前，公司因资金需求，可办理背书转让业务。

（2）应收票据背书转让，由总会计师通知出纳员办理。

（3）应收票据背书转让后，出纳员应更新"应收票据登记表"的内容，并将相关单据交给经办会计制作记账凭证。

5.4.2　应付票据的管理

应付票据是指企业根据合同进行延期付款交易而采用商业汇票结算时，签发、承兑的保证货款到期到付的商业汇票。

5.4.2.1　应付票据的具体管理措施

企业对应付票据的具体管理措施如下。

（1）票据的签发由两个或两个以上人员批准。

（2）设置"应付票据登记簿"（见表5-16）。票据登记人员不得兼管票据的签发。

（3）由专人控制空白的、作废的、已付讫退回的票据。

（4）由不从事票据记录的人员负责定期付账。

（5）由专人复核票据利息的核算。

（6）应付票据要依号保存。

（7）签发票据要定期与订货单、验收单、发票核对。

表 5-16　应付票据登记簿

序号	票据种类	出票行	号数	签发日期	到期日	票面金额	合同号	收款单位	付款日期	付款金额	领用人

5.4.2.2　应付票据开立的主要作业

（1）总会计师决定使用商业承兑汇票支付相关款项，并确定金额及期限后，出纳员应根据批示开具相应的商业承兑汇票。

（2）出纳员将开立的票据记入"应付票据登记簿"，应该详细登记每一张应付票据的种类、号数、签发日期、到期日、票面金额、合同号、收款人姓名或单位名称，以及付款日期和付款金额等详细资料。

（3）申请人领用应付票据时，必须在"应付票据登记簿"上签名备查，且应付票据领用人与付款申请单上的申请人必须为同一人。

（4）出纳员开立应付票据后，将相关的单据交给经办会计制作记账凭证。

5.4.2.3　应付票据到期的主要作业

应付票据到期的主要作业如图5-24所示。

应付票据到期前 ☞	出纳员将应付票据金额划拨至银行账户
应付票据到期后 ☞	出纳员到银行领取银行开具的付款单据
收到银行开具的付款单据后 ☞	出纳员更新"应付票据登记簿"的内容，并将相关单据交给经办会计制作记账凭证

图 5-24　应付票据到期的主要作业

学习笔记

请对本章的学习做一个小结，将你认为的重点事项和不懂事项分别列出来，以便于自己进一步学习与提升。

本章重点事项
1. _____
2. _____
3. _____
4. _____
5. _____
本章不懂事项
1. _____
2. _____
3. _____
4. _____
5. _____
个人心得
1. _____
2. _____
3. _____
4. _____
5. _____

第6章
其他出纳业务实务操作

 学习目标：

    1.掌握会计凭证装订、立卷、归档的要求、操作步骤和方法。

    2.了解出纳交接情形及交接的内容，掌握交接过程和移交文书。

6.1 会计凭证的装订与管理

根据财政部《会计基础工作规范》第五十五条的规定，记账凭证登记完毕后，应当按照分类和编号顺序进行保管，不得散乱或丢失。为此，必须对会计凭证进行装订，对于记账凭证，应当连同所附的原始凭证或者原始凭证汇总表，按照编号顺序折叠整齐；按期装订成册，加具封面，在封面上编好卷号，并在明显处标明凭证种类编号，由装订人在装订线封签处签名或者盖章；按编号顺序入柜，以便调阅。

6.1.1 会计凭证的装订

会计凭证的装订是指把定期整理完毕的会计凭证按照编号顺序，外加封面、封底，装订成册，并在装订线上加贴封签。

6.1.1.1 装订前的设计

有的单位经济业务较少，一个月的记账凭证可能只有几十张，装订起来只有一册；有的单位经济业务频繁，一个月的记账凭证可能有几百张或几千张，装订起来有十几册或几十册。

装订之前，要进行设计，确定一个月的记账凭证订成几册。每册的厚薄应基本保持一致，厚度一般以1.0～1.6厘米为宜。不能把一份记账凭证及所附的原始凭证拆开装订在两册之中。另外，还要再次检查一下所附原始凭证是否全部折叠整理完毕。凡超过记账凭证宽度和长度的原始凭证，都要整齐地折叠进去。要特别注意装订线眼处的折叠方法，防止装订以后翻不开。

6.1.1.2 做好装订工具的配备

一般的装订工具配备如下：闸刀1架；取钉器1只；大剪刀1把；大针1枚（钢钩子针或用回形针折成V形）；装订线若干；手电钻1把（或装订机1台）；胶水1瓶；装订台1张；铁榔头1把；木垫板1块；铁夹若干只；美工刀1把等。

6.1.1.3 做好装订前的检查和准备工作

（1）将会计凭证按顺序排列放在工作台上，检查记账凭证是否分月按数字的正常顺序连续编号（如1、2、3），是否有跳号或重号现象。

（2）摘除记账凭证内的金属物（如订书钉、大头针、回形针）。

（3）整理检查记账凭证顺序号，如有颠倒应重新排列，发现缺号需查明原因后再检查附件有否漏缺。领料单、入库单、工资单、奖金发放单是否随附齐全等。

（4）检查记账凭证上有关人员（如财务主管、复核、记账、制单等）的印章是否齐全。

（5）垫角纸，可用120克左右厚度的牛皮纸裁成边长为4.5厘米的正方形，然后再对角线裁下，一分为二。

（6）包角纸，可在所在地会计档案专用商店购买。

（7）准备好封皮。

所有会计凭证都要加具封皮（包括封面和封底）。封皮应采用较为结实、耐磨，韧性较强的牛皮纸等。记账凭证封面应注明单位名称、凭证种类、凭证编号的顺序号码、凭证所反映经济业务的发生日期、凭证的起止号码、本扎凭证的册数和张数，以及有关经办人员的签章。会计凭证封面如图6-1所示。

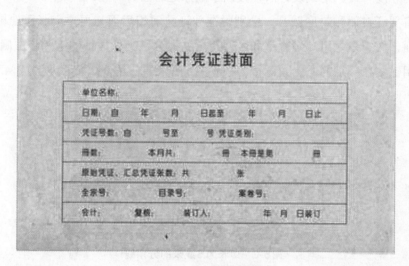

图6-1 会计凭证封面

会计凭证封底的内容如表6-1所示。

表6-1 抽出附件登记表

抽出日期			原始凭证号码	抽出附件的详细名称	抽出理由	抽取人签章	会计主管签章	备注
年	月	日						

提醒您

　　根据财政部《会计基础工作规范》第五十五条的规定，会计凭证装订时，对于那些重要的原始凭证，比如经济合同、存出保证金收据、涉外文件、契约等，为了便于日后查阅，可以不附在记账凭证之后，另编目录，单独保管，并在相关的记账凭证和原始凭证上相互注明日期和编号。

6.1.1.4　装订

　　为了使装订成册的会计凭证外形美观，在装订时要考虑凭证的整齐均匀，特别是装订线的位置，如果太薄，可用纸折一些三角形纸条均匀地垫在此处，以保证它的厚度与凭证中间的厚度一致。正式装订时，按以下顺序进行装订。

　　（1）将凭证封面和封底裁开，分别附在凭证前面和后面，再拿一张质地相同的纸放在封面上面，做护角之用。磕叠整齐，用两个铁夹分别夹住凭证的上侧和左侧。

　　（2）用铅笔在凭证的左上角画一个边长为5厘米的分角线，将直角分成两个45度角，如图6-2所示。

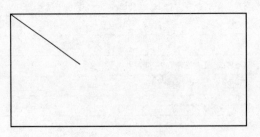

图6-2　边长为5厘米的分角线

　　（3）在分角线的适当位置上选两个点打孔作为装订线眼，这两个孔的位置可在距左上角顶端2～4厘米的范围内确定，如图6-3所示。

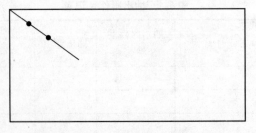

图6-3　选两个点打孔作为装订线眼

　　（4）用缝毛衣针引线绳沿虚线方向穿绕两孔若干次，并在凭证背面打结，如图6-4所示。

图6-4 用缝毛衣针引线绳沿虚线方向穿绕两孔若干次

（5）将放在最上方的牛皮纸裁成一条宽6厘米左右的包角纸条，先从会计凭证的背面折叠纸条，粘贴成如图6-5所示形状。

（背面）

图6-5 裁成一条宽6厘米左右的包角纸条

（6）从正面折叠纸条，粘贴成如图6-6所示形状。

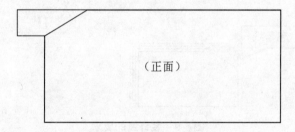

（正面）

图6-6 从正面折叠纸条

（7）将正面未粘贴的包角纸条向后折叠，裁去一个三角形，与背后的包角纸条重叠、粘牢。包角后的会计凭证如图6-7所示。

（正面）

图6-7 包角后的会计凭证

6.1.1.5 装订的具体要求

（1）上边和左边要对齐，如果原始凭证大于记账凭证，右边和下边要折叠，便于翻开，如图6-8所示。

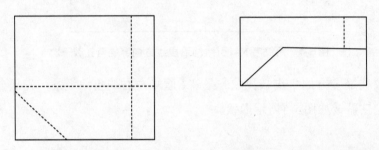

图6-8 上边和左边要对齐，如果原始凭证大于记账凭证，右边和下边要折叠

（2）装订线在左上角，并订入一张包角纸，装订完成后将包角纸翻过去在背面粘上，将线头包进去，盖上装订人的印章，以示负责，如图6-9所示。（阴影部分为包角纸，黑色圆点为线眼，灰色线条为装订线）

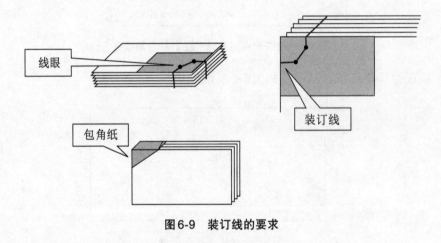

图6-9 装订线的要求

6.1.2 会计凭证的立卷、归档

（1）认真填写好会计凭证封面

封面各记事栏是事后查账和查证有关事项的最基础的索引和凭证。"启用日期"要把年、月、日写全；"单位名称"要写全称；"本月共××册，本册是××册"要写清楚；"凭证张数"填本册共多少张；记账凭证号数"自第×号至第×号"一栏要填写清晰；"保管期限"是按规定本册凭证应保管的年限；还要把原始凭证及记账凭证总页数，按照记账凭证所属原始凭证张数加计清点，准确填好数字；装订年、月、日要如实填写；会计主管人员要盖章，装订线应有封口，并加盖骑缝章。

（2）填好卷脊上的项目

卷脊上一般应写明"某年某月凭证"和案卷号。填写案卷号主要是为了便于保存和查找，一般由档案管理部门统一编号，卷脊上的编号应与封面案卷号一致。

（3）归档

将装订好的会计凭证按年统一编流水号，案卷号与记账凭证册数编号应当一致，然后入盒，由专人负责保管。

6.2　出纳工作的交接

出纳在进行工作交接时，必须根据企业的财务管理制度进行，以保证出纳工作的前后衔接。

6.2.1　交接情形

出纳工作需要进行交接的情形如图6-10所示。

1	出纳人员辞职或离开原单位
2	企业内部工作变动，出纳员不再担任出纳职务
3	出纳岗位轮岗调换到会计岗位
4	出纳岗位内部增加工作，人员进行重新分工
5	因病假、事假或临时调用，出纳员不能继续从事出纳工作
6	因特殊情况如停职审查等按规定出纳员不宜继续从事出纳工作
7	企业因其他情况按规定应办理出纳交接工作的，如企业发生解散、破产、兼并、合并、分立等情况时，出纳人员应向接收单位或清算组移交工作

图6-10　需要进行出纳工作交接的情形

6.2.2　交接内容

出纳员交接的内容与出纳人员的分工和工作范围应当一致。因此，出纳工作交接的具体内容因企业管理设置不同而异。出纳工作交接的主要内容如表6-2所示。

表6-2　出纳工作交接的主要内容

序号	类别	交接内容
1	财产物资	（1）现金（现钞、外币、金银珠宝、其他贵重物品） （2）有价证券（国库券、债券、股票、商业汇票、股权证书等） （3）支票（空白支票、作废支票及支票使用登记簿） （4）发票（空白发票、已用发票和作废发票存根联等联次、发票使用登记簿） （5）收款收据（空白收据、已用发票或作废发票存根联及其他联次、收据使用登记簿） （6）财务印鉴（包括财务专用章或发票专用章）、银行预留印鉴，以及"现金收讫""现金付讫""银行收讫""银行付讫"等业务印鉴 （7）会计凭证，包括原始凭证和记账凭证 （8）会计账簿，包括现金日记账和银行存款日记账 （9）银行预留印鉴卡片及银行对账单 （10）相关银行密码或其他预留密码 （11）应由出纳员保管的重要证件、合同、协议等资料 （12）其他会计文件 （13）有关会计用具
2	电算化资料	（1）会计软件及启动盘（如用友、金蝶财务软件） （2）与会计软件有关的密码或口令 （3）存储会计数据资料的介质（磁带、磁盘、光盘、微缩胶片等） （4）有关电算化的其他资料、实物等
3	业务介绍	（1）原出纳员工作职责和工作范围的介绍 （2）每期固定办理的业务介绍，如缴纳电费、水费、电话费的时间等 （3）复杂业务的具体说明，如缴纳电话费的号码、台数等，银行账户的开户地址、联系人等 （4）历史遗留问题的说明 （5）其他需要说明的业务事项

6.2.3　交接过程

出纳工作交接一般按以下步骤进行，如图6-11所示。

图6-11　出纳工作交接步骤

6.2.3.1 交接准备

在准备阶段，出纳员应做好以下工作。

（1）将出纳账登记完毕，并在最后一笔余额后加盖名章。

（2）出纳账与现金、银行存款总账核对相符，现金账面余额与实际库存现金核对一致，银行存款账面余额与银行对账单核对无误。

（3）在出纳账启用表上填写移交日期，并加盖名章。

（4）整理应移交的各种资料，对未了事项要写出书面说明。

（5）编制"移交清册"（见表6-3），填明移交的账簿、凭证、现金、有价证券、支票簿、文件资料、印鉴和其他物品的具体名称和数量。

表6-3 移交清册

序号	移交物品/资料	具体名称	数量
1	账簿		
2	凭证		
3	现金		
4	有价证券		
5	支票簿		
6	文件资料		
……			

6.2.3.2 交接阶段

出纳员离职，必须在规定的期限内向接交人移交工作。接交人应认真按移交清册当面点收。

（1）现金、有价证券要根据出纳账和备查账簿余额进行点收。接交人发现不一致时，移交人要负责查清。

（2）出纳账和其他会计资料必须完整无缺，不得遗漏。如有短缺，由移交人查明原因，在移交清册中注明，由移交人负责。

（3）接交人应核对出纳账与总账、出纳账与库存现金和银行对账单的余额是否相符，如有不符，应由移交人查明原因，在移交清册中注明，并负责处理。

（4）接交人按移交清册点收公章（主要包括财务专用章、支票专用章和领导人名章）和其他实物。

（5）接交人办理接收后，应在出纳账启用表上填写接收时间，并签名盖章。

6.2.3.3 交接结束

交接完毕后，交接双方和监交人要在移交清册上签名或盖章。移交清册必须具备如下内容：单位名称、交接日期、交接双方和监交人的职务及姓名，以及移交清册页数、份数和其他需要说明的问题和意见。移交清册一般一式三份，交接双方各执一份，存档一份。

6.2.4 出纳移交文书

出纳人员在进行工作交接时，要对以下文书进行移交。

（1）库存现金移交表

根据现金库存实数，按币种（分人民币和各种外币）、币别分别填入库存现金移交表内，如表6-4所示。

表6-4 库存现金移交表

币种：　　　　　　　　　　移交日期：　　　　　　　　　　单位：元　　第　页

序号	币别	数量	移交金额	接收金额	备注
1	100元				
2	50元				
3	20元				
4	10元				
5	5元				
6	2元				
7	1元				
8	5角				
9	1角				

单位负责人：　　　　　　移交人：　　　　　　监交人：　　　　　　接管人：

（2）银行存款移交表

在移交时要根据银行存款账面数、实有数、币种、期限、开户银行等分别填写银行存款移交表，如表6-5所示。

表6-5 银行存款移交表

移交日期：　　　　　　　　　　　　　　　　　单位：元　　第　　页

开户银行	币种	期限	账面数	实有数	备注
附：银行存款余额调节表一张，银行预留卡片一张。					

单位负责人：　　　　　　移交人：　　　　　　监交人：　　　　　　接管人：

（3）有价证券、贵重物品移交表

在移交时应根据清理核对后的有价证券、贵重物品按品种、价值等分别登记有价证券、贵重物品移交表，如表6-6所示。

表6-6 有价证券、贵重物品移交表

移交日期：　　　　　　　　　　　　　　　　　　　　　　　　单位：元　　第　　页

名称	购入日期	单位	数量	金额	备注
××债券					
××票据					
××股票					
××贵重物品					

单位负责人：　　　　　　移交人：　　　　　　监交人：　　　　　　接管人：

（4）办公物品移交表

办公物品是指会计用品、公用会计工具等，办公物品移交表如表6-7所示。

表6-7 办公物品移交表

移交日期：　　　　　　　　　　　　　　　　　　　　　　　　　　　　第　　页

名称	编号	型号	购入日期	单位	数量	备注
保险柜						
文件柜						
照相机						
财务印章						
……						

单位负责人：　　　　　　移交人：　　　　　　监交人：　　　　　　接管人：

（5）核算资料移交表

出纳工作中的核算资料包括出纳账簿、收据、借据、银行结算凭证、票据领用使用登记簿等，核算资料移交表如表6-8所示。

表6-8 核算资料移交表

移交日期：　　　　　　　　　　　　　　　　　　　　　　　　单位：元　　第　　页

名称	年度	数量	起止号码	备注
现金日记账				
银行存款日记账				
收据领用登记簿				
支票领用登记簿				
……				

单位负责人：　　　　　　移交人：　　　　　　监交人：　　　　　　接管人：

（6）出纳交接书

出纳交接书是把移交表中没法列入或尚未列入的内容做一个进一步的说明。以下是某出纳制作的出纳交接书，相信对你的工作会有所帮助。

出纳交接书

原出纳员×××，由于工作调动，财务部已决定将出纳工作移交给×××接管。现办理如下交接：

（一）交接日期

_____年____月____日

（二）具体业务的移交

1. 库存现金：____月____日账面余额_____元，实存相符，月记账余额与总账相符。

2. 库存国库券：_____元，经核对无误。

3. 银行存款余额：_____万元，经编制"银行存款余额调节表"核对相符。

（三）移交的会计凭证、账簿、文件

1. 本年度现金日记账一本。

2. 本年度银行存款日记账两本。

3. 空白现金支票××张（××号至××号）。

4. 空白转账支票××张（××号至××号）。

5. 托收承付登记簿一本。

6. 付款委托书一本。

7. 信汇登记簿一本。

8. 金库暂存物品明细表一份，与实物核对相符。

9. 银行对账单1～10月份10本。

10. 月份未达账项说明一份。

（四）印鉴

1. ××公司财务处转讫印章一枚。

2. ××公司财务处现金收讫印章一枚。

3. ××公司财务处现金付讫印章一枚。

（五）交接前后工作责任的划分

_____年____月____日前的出纳责任事项由×××负责。

_____年____月____日起的出纳工作由×××负责。以上移交事项均经交接双方认定无误。

（六）本交接书一式三份，交接双方各执一份，存档一份。

移交人：×××（签名盖章）   接管人：×××（签名盖章）

监交人：×××（签名盖章）   ××公司财务处（公章）

××××年××月××日

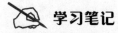 **学习笔记**

请对本章的学习做一个小结，将你认为的重点事项和不懂事项分别列出来，以便于自己进一步学习与提升。

本章重点事项
1. _____
2. _____
3. _____
4. _____
5. _____
本章不懂事项
1. _____
2. _____
3. _____
4. _____
5. _____
个人心得
1. _____
2. _____
3. _____
4. _____
5. _____